O Grijehu, Pravednosti i Sudu

"A kad on dođe, pokazat će svijetu što je grijeh, što li pravednost, a što osuda..."

(Po Ivanu 16:8)

Svetost i Moć serija (Uvod 1)

O Grijehu, Pravednosti i Sudu

Posebna dvotjedna serija propovijedi oživljenja - 1

Dr. Jaerock Lee

O Grijehu, Pravednosti i Sudu Dr. Jaerock Lee
Nakladnik: Urim Books (Predstavnik: Johnny. H. Kim)
73, Yeouidaebang-ro 22-gil, Dongjak-gu, Seoul, Korea
www.urimbooks.com

ISBN: 979-11-263-1179-8 03230

Prvi put objavljeno u prosincu 2023.

Prethodno na korejskom objavio 2011. Urim Books u Seulu, Koreja.

Urednica: Dr. Geumsun Vin
Dizajn: Dizajnerski tim Urim Books
Za više informacija obratite nam se na: urimbook@hotmail.com

Autorova poruka

Molim se da će čitatelji postati pravedne osobe koje primaju Božju veliku ljubav i blagoslove...

Kada je veliki reformist, Martin Luther bio mlad, on je iskusio traumatičan događaj. Jedan dan, dok su on i njegov prijatelj bili pod stablom pokušavajući se sakriti od kiše, grom je udario i njegov prijatelj, koji je bio pored njega je umro. Zbog tog događaja, Luther je postao fratar i on se bojao Boga koji sudi i osuđuje grijeh. Iako je proveo mnogo vremena u ispovijedavaonici, on nije mogao pronaći riješenje problema grijeha. Bez obzira koliko je proučavao Bibliju, on nije mogao pronaći odgovor na pitanje, "Kao nepravedan čovjek može udovoljiti pravednom Bogu?"

Onda jedan dan, dok je čitao jedno od Pavlovih pisama, konačno je pronašao mir kojeg je tako teško tražio. Zapisano je u Poslanici Rimljanima 1:17, "Jer pravednost se Božja od vjere k vjeri u njemu otkriva kao što je pisano: 'Pravednik će od vjere živjeti. '" Luther je postao prosvijećen o "Božjoj pravednosti". Iako je do ove točke on samo znao o pravednosti Boga koja sudi sve ljude, on sada shvaća pravednost Boga koja slobodno daje oprost od grijeha svim ljudima koji vjeruju u Isusa Krista i On ih čak naziva "pravednima". Nakon tog shvaćanja, Luther je živio sa neutaživom strasti za istinom.

Na taj način, ne samo da Bog slobodno priznaje one koji vjeruju u Isusa Krista kao "pravedne"; nego im On također daje Duh Sveti kao dar tako da oni mogu znati o grijehu, pravednosti i sudu, tako da oni mogu dobrovoljno slušati Boga i ispuniti Njegovu volju. Prema tome, mi ne bismo trebali samo stati kada primimo Isusa Krista i budemo prozvani pravednima. Jako je važno postati stvarno prava pravedna osoba sa odbacivanjem grijeha i zla koji su u nama uz pomoć Duha Svetog.

Tijekom 12 godina Bog je dao da naša crkva održava dvotjedna specijalna oživljenja svake godine tako da svi crkveni članovi mogu primiti blagoslove da bi postali pravedni ljudi kroz vjeru. On nas je vodio do točke gdje bismo mi mogli primiti odgovore na sve vrste molitvi koje mi Njemu uzdignemo. On nas je također vodio do shvaćanja raznih dimenzija duha, dobrote, svjetla i ljubavi, tako da mi možemo primiti Božju moć u našim životima. I, sa svakom prolaznom godinom kako smo činili pomake vjere prema svetosti i moći, Bog je blagoslovio mnoge ljudi svih nacija tako da iskuse moć Boga koja je zapisana u Bibliji i koja nadilazi vrijeme i prostor.

Mi smo objavili seriju propovijedi oživljenja, "Svetost i Moć", koja sadrži poruku Božje duboke providnost, tako da čitatelji mogu sistematično učiti o njima. Poruke oživljenja sa prve tri godine nam služe kao "Uvod." One govore o polasku prema putu prave pravednosti tako da se sruši zid grijeha između nas u Boga. Onda, poruka sa slijedeće četiri godine nas uči o radu prema svetosti i moći, koja služi kao "Centralna Poruka". Posljednje, poruke sa zadnjih pet godina će pokrivati kako iskusiti moć Boga sa prakticiranjem Riječi. To će služiti kao "Zahtjev" dio ove publikacije.

Danas, postoje mnogi ljudi koji idu svojim životima bez da uopće znaju što je to grijeh, što je pravednost i što je sud. Čak i oni koji idu u crkvu nemaju uvjerenje spasenja i oni žive sekularnim životima- baš kao svi ostali u svijetu. Nadalje, oni ne vode kršćanske živote koji su pravedni prema Bogu, nego su pravedni prema tome što oni misle da je pravedno. Pa, O Grijehu, Pravednosti i Sudu je prva knjiga u seriji propovijedi Svetost i Moć koja govori o tome kako voditi uspješan kršćanski život sa primanjem oprosta od naših grijeha i sa ostvarivanjem pravednosti Boga u našim životima.

Da bi potvrdio učenja sa dokazima Svoje moći, na prvom sastanku prvog dana našeg oživljenja 1993. Bog je obećao blagoslov začeća za desetine parova koji su bili vjenčani 5-6 godina, te čak i one koji su bili u braku 10 godina bez začeća djeteta. Do kraja oživljenja, skoro svi ti parovi su začeli i počeli podizati obitelji.

Želio bih se zahvaliti Geumsun Vin, direktorici uredničkog ureda i njenim zaposlenicima zbog njihovog teškog rada jer su omogućili publikaciju ove knjige i ja se molim u ime Gospoda da mnogi ljudi koji čitaju ovu knjigu mogu riješiti svoje probleme grijeha, prema tome primiti odgovore na sve svoje molitve!

Ožujak 2009.

Jaerock Lee

Uvod

Ova knjiga, nazvana O Grijehu, Pravednosti i Sudu, sadrži pet poglavlja koji su posvećeni svakoj temi grijeha, pravednosti i suda. Ova knjiga objašnjava u detalje kako osoba može pronaći riješenje problema grijeha, kako osoba može živjeti životom blagoslova tako da postane pravedna osoba i kako ona može izbjeći nadolazeći sud i umjesto toga uživati u vječnim blagoslovima.

Prvo poglavlje se tiče grijeha i nazvano je "Spasenje". Objašnjava što čovjek treba da bi bio spašen, pravo značenje i metodu primanja spasenja. Poglavlje koje odmah slijedi, "Otac, Sin i Duh Sveti", vodi čitatelja do ispravnog shvaćanja kako Božja moć, autoritet, ime Isusa Krista i vodstvo Duha Svetog zajedno rade kao Trojedni Bog, tako da osoba može primiti jasno riješenje na probleme grijeha i hodati ispravnim putom prema spasenju.

Poglavlje nazvano "Radovi tijela" analizira i objašnjava temu zida grijeha koji stoji između čovjeka i Boga. Slijedeće poglavlje, nazvano, "Prema tome rađaj plod u držanju sa pokajanjem", objašnjava važnost rađanja plodova u držanju pokajanja da bi došli do potpunog spasenja kroz Isusa Krista.

Posljednje poglavlje koje se tiče grijeha je nazvano, "Mrzi što je zlo; Drži se onoga što je dobro", uči čitatelja da odbaci zlo koje je ne dopadljivo Bogu i da djeluje sa dobrotom, prema Riječi istine.

Slijedeće, u prvom poglavlju koje djeluje sa pravednosti, "Pravednost koja vodi do života", razjašnjava kako mi- svo čovječanstvo- primamo vječan život kroz pravedno djelo Isusa Krista. U poglavlju nazvanom, "Pravedni će živjeti sa vjerom", objašnjava važnost shvaćanja da se spasenje može primiti samo kroz vjeru; i stoga to je razlog zašto mi moramo dobiti pravu vjeru.

Poglavlje 8, "Za poslušnost Krista", objašnjava da osoba mora pokidati tjelesne misli i teorije i samo slušati Krista da bi ona mogla imati pravu vjeru, uživati u uspješnom životu punom blagoslova i odgovora na molitve. Poglavlje 9, "Onaj kojem Gospod zapovijeda", daje bliži pogled u živote nekoliko praočeva vjere, dok uči čitatelja kako on mora djelovati da bi postao osoba kojoj Bog zapovijeda. Posljednje poglavlje, koje se tiče pravednosti, je nazvano "Blagoslov". To je opažanje života i vjere Abrahama- oca vjere i sjemena blagoslova- slijedeći iste praktične putove po kojima vjernik može ići da bi uživao u životu blagoslova.

U prvom poglavlju koje se tiče suda, nazvano "Grijeh neposlušnosti prema Bogu", zadire u posljedice koje slijede kada čovjek počini grijeh hodanja protiv Boga. Slijedeće poglavlje, "Izbrisat ću čovjeka sa lica zemlje", opisuje Božji sud koji slijedi kada opakost čovjeka dođe do granice.

Poglavlje imenom, "Ne idi protiv Njegove volje," govori čitatelju da Božji sud dolazi kada osoba ide protiv volje Boga; da bi oni trebali shvatiti kako je veliki blagoslov slušati Božju volju i da mogu postati Bogu poslušni. U poglavlju imenom, "Tako kaže GOSPOD nad Vojskama", autor objašnjava u detalje kako osoba može primiti ozdravljenje i odgovore na molitve. On također objašnjava važnost u postanku pravedne osobe koja se boji Boga.

I u zadnjem poglavlju, "O Grijehu, Pravednost i Sudu" otključava put rješavanja problema grijeha; postajanja pravedne osobe; susreta sa živim Bogom; put do izbjegavanja Posljednjeg Suda koji dolazi i primanja života vječnih blagoslova.

Ova knjiga objašnjava određen put po kojem mi koji smo

prihvatili Isusa Krista i primili Duh Sveti možemo primiti spasenje, vječan život, odgovore na molitve i blagoslove. Ja se molim u ime Gospoda da će kroz ovu knjigu mnogi ljudi postati pravedni muškarci i žene koji su ugodni Bogu!

Ožujak 2009.

Geumsun Vin

Direktorica uredničkog ureda

Sadržaj

Dio 2 O Pravednosti...

Dio 3 O Sudu...

O grijehu

"...grijeh je što ne vjeruju u mene;"

(Po Ivanu 16:9)

"Jer ako pravo radiš, vedrinom odsijevaš. A ne radiš li pravo, grijeh ti je kao zvijer na pragu što na te vreba; još mu se možeš oduprijeti." (Postanak 4:7)

"Samo priznaj svoju krivnju da si se odvrgla od Jahve, Boga svojega, i odlutala k tuđincima, pod svako drvo zeleno i nisi slušala glasa mojega - riječ je Jahvina. " (Jeremija 3:13)

"Doista, kažem vam, sve će se oprostiti sinovima ljudskima, koliki god bili grijesi i hule kojima pohule. No pohuli li tko na Duha Svetoga, nema oproštenja dovijeka; krivac je grijeha vječnoga." (Po Marku 3:28-29)

"Ali da znate: Vlastan je Sin Čovječji na zemlji otpuštati grijehe!" I reče uzetomu: "Tebi zapovijedam: ustani, uzmi nosiljku i idi kući!" (Po Luki 5:24)

"Nakon toga nađe ga Isus u Hramu i reče mu: 'Eto, ozdravio si! Više ne griješi da te što gore ne snađe!'" (Po Ivanu 5:14)

" Ne znate li: ako se komu predate za robove, na poslušnost, robovi ste onoga koga slušate: bilo grijeha - na smrt, bilo poslušnosti - na pravednost." (Poslanica Rimljanima 6:16)

"Dječice moja, ovo vam pišem da ne griješite. Ako tko i sagriješi, zagovornika imamo kod Oca - Isusa Krista, Pravednika. On je pomirnica za grijeha naše, i ne samo naše, nego i svega svijeta." (1. Ivanova poslanica 2:1-2)

Poglavlje 1

Spasenje

I nema ni u jednom drugom spasenja; jer nema drugoga imena pod nebom danoga ljudima, u kojem treba da se spasimo."
(Djela apostolska 4:12)

U ovom svijetu, ovisno o religiji i kulturi, ljudi slave sve vrste raznih idola; čak postoji idol imenom "bog kojeg ne znamo" (Djela apostolska 17:23). Danas, religija imenom "Proizašla Religija", religija stvorena iz mješavine doktrina mnogih religija, privlači mnogo pažnje, te mnogi ljudi prihvaćaju "religiozni pluralizam", koji se bazira na filozofiji da postoji spasenje u svim religijama. Međutim, Biblija nam govori da je Bog Stvoritelj jedini pravi Bog i da je Isus Krist jedan i jedini Spasitelj (Ponovljeni zakon 4:39; Po Ivanu 14:6; Djela apostolska 4:12).

Bog Stvoritelj i čovjek

Bog uistinu postoji. Baš kao što mi postojimo jer su nas naši roditelji rodili, čovječanstvo postoji u ovom svijetu jer nas je Bog stvorio.

Kada pogledamo na mali sat, mi vidimo male dijelove koji zamršeno rade zajedno da bi pokazivali vrijeme. Ali nitko neće gledati na sat i reći da je to slučajno skupa nastalo. Čak i mali sat može postojati u ovom svijetu ako ga netko dizajnira i napravi. Onda što je sa svemirom? Neusporedivo sa malim satom, svemir je tako zamršen i tako širok da ljudski um ne može zamisliti sve njegove misterij ili čak shvatiti njegovu veličinu. Činjenica da solarni sistem, koji je samo jedan mali dio svemira, djeluje tako precizno bez ikakve greške, čini da je jako teško ne vjerovati u Božje stvaranje.

Ljudsko tijelo je isto. Svi organi, ćelije i mnogi drugi elementi su postavljeni tako savršeno i rade skupa tako zamršeno da su njihovo uređenje i funkcije pravo čudo. Ipak, sa svim stvarima koje je čovjek otkrio o ljudskom tijelu je samo dio svega toga što ostaje za otkriti. Pa kako možemo reći da se nešto kao što je ljudska anatomija samo nasumce pojavilo?

Dopusti mi da podijelim jednostavnu ilustraciju koji svi mogu priznati. Na licu osobe, postoje dva oka, jedan nos, dvije nosnice, jedna usta i dva uha. Ovaj razmještaj je takav da su oči na samom vrhu, nos je u centru, usta su ispod nosa, a uši su postavljene po jedno sa svake strane lica. To je isto, bilo da smo crnac, bijelac ili azijat. Ovo nije točno samo za ljude. To je isto i za životinje kao što su lavovi, tigrovi, slonovi, psi, itd... i za ptice kao što su orlovi i golubice, te čak i za ribe.

Da je Darwinova evolucija točna, životinje, ptice i ljudska

bića bi se razvila različito sva na svoj način prema njihovom okolišu. Ali zašto su izgled i razmještaj lica tako slični? To je prevladavajući dokaz da je jedan i jedini Bog stvoritelj dizajnirao i stvorio sve nas. Činjenica da smo svi mi stvoreni na istu sliku nam pokazuje da Stvoritelj nije nekoliko bića, nego jedno biće.

Izvorno ja sam bio ateist. Čuo sam kako mnogi ljudi kažu da ako odeš u crkvu ti možeš primiti spasenje. Međutim, ja nisam ni znao što je spasenje, ili kako ga primiti. Onda, jedan dana, moj stomak je postao ne funkcionalan zbog previše pića i u konačnici ja sam morao provesti slijedećih sedam godina u krevetu i bolestan. Svaku noć, moja majka je izlijevala vodu u zdjelicu, pogledala prema Velikom Medvjedu, protrljala svoje ruke zajedno, ona se molila i molila za moje ozdravljenje. Čak je dala veliku količinu novca budističkom hramu, ali moja bolest se samo pogoršavala. Nisam bio spašen iz te očajne situacije uz pomoć Velikog Medvjeda niti Bude. To je bio Bog. U trenutku kada je moja majka čula da sam ozdravio nakon što sam otišao u crkvu, ona je odbacila sve svoje idole i otišla u crkvu. To je zbog toga što je ona shvatila da je samo Bog pravi Bog.

Zid grijeha između Boga i čovjeka

Usprkos činjenici da postoji tako jasan dokaz da Bog Stvoritelj, koji je stvorio neba i zemlju, postoji, zašto ljudi ne vjeruju u Njega i ne susreću Ga? To je zbog toga što postoji zid grijeha koji blokira vezu između Boga i ljudi. Jer je Bog Stvoritelj pravedan i On apsolutno nema grijeha, ako mi imamo grijeh, mi ne možemo komunicirati sa Njim.

Ponekad postoje ljudi koji misle, "Ja nemam grijeha." Baš kao što mi ne možemo vidjeti mrlju na našoj košulji ako stojimo u tamnom sobi, ako stojimo usred tame koja je neistina, mi ne možemo vidjeti naše grijehe. Pa, ako mi kažemo da vjerujemo u Boga a ipak su naše duhovno oči još uvijek zatvorene, onda mi ne možemo otkriti naše grijehe. Mi samo idemo prema i od crkve, beznačajno. Rezultat? Mi pohađamo crkvu 10 ili čak 20 godina bez susreta sa Bogom i bez primanja odgovora na bilo koju od naših molitvi.

Bog ljubavi se želi susresti sa nama, pričati sa nama i odgovoriti na naše molitve. Zato Bog iskreno pita svakog od nas, "Molim te pokidaj zid grijeha koji stoji između Mene i tebe tako da možemo slobodno dijeliti razgovor ljubavi. Molim te učini put za Mene da oduzmem bol i patnju koju trenutno imaš."

Pretpostavimo da malo dijete pokušava progurati konac kroz ušicu igle. To je težak zadatak za malo dijete. Ali, to je relativno lak zadatak za djetetove roditelje. Ali bez obzira koliko roditelj želi pomoći djetetu, ako visok zid stoji između njih dvoje, roditelj ne može pomoći svom djetetu. Isto tako, ako velik zid grijeha stoji između nas i Boga, mi ne možemo primiti nikakve odgovore na naše molitve. Pa najprije, mi moramo riješiti taj problem grijeha i onda mi možemo primiti konačno riješenje za najvažnije pitanje spasenja.

Pravo značenje spasenja

U našem društvu, riječ "spasenje" se koristi na mnogo različitih načina. Kada spasimo utapajuću osobu ili pomognemo nekome da se oporavi od propadajućeg posla ili pomognemo nekome u obiteljskoj krizi, mi nekad kažemo da smo ih "spasili."

Onda, što Biblija naziva biti "spašen"? Prema Bibliji, to znači uzdizati čovječanstvo od grijeha. Prvenstveno, to znači dovesti ih u granice mjesta gdje Bog želi da budu, gdje mogu primiti riješenje na probleme grijeha i uživati u vječnoj radosti na Nebu. Pa da to stavimo u jednostavne duhovne termine, ulaz do spasenja je Isus Krist, a kuća spasenja je Nebo, ili Božje kraljevstvo.

I po Ivanu 14:6 Isus kaže "Ja sam put i istina iživot: nitko ne dolazi k Ocu, osim po meni." Prema tome spasenje je ići na Nebo kroz Isusa Krista.

Mnogi ljudi evangeliziraju i naglašavaju važnost primanja spasenja. Zašto nam je spasenje važno? To je zbog toga što su naši duhovi besmrtni. Kada ljudi umru, njihove duše i duh se odvajaju od tijela, i oni koji su primili spasenje idu na Nebo, a oni koji nisu primili spasenje u Pakao. Nebo je Božje kraljevstvo gdje je vječna radost, a Pakao je mjesto vječne boli i patnje, koje se sastoji od jezera vatre i sumpora (Otkrivenje 21:8).

Jer su Nebo i Pakao mjesta koja stvarno postoje, postoje ljudi koji su vidjeli Nebo i Pakao kroz vizije i postoje mnogi ljudi čiji su duhovi zapravo posjetili ta mjesta. Ako netko misli da ti ljudi lažu, onda su oni jednostavno tvrdoglavi. Pošto Biblija jasno objašnjava i o Nebu i o Paklu, mi trebamo vjerovati. Biblija, za razliku od drugih knjiga, sadrži poruku spasenja- riječi Boga Stvoritelja.

Biblija zapisuje stvaranje čovjeka i kako je Bog radio do sada. Jasno objašnjava potpuni proces kako je čovjek griješio, pokvario se i postao podčinjen vječnoj smrti, te kako ga je Bog spasio.

Zapisuje događaje prošlosti, sadašnjosti i budućnosti, te Božji konačni sud na kraju vremena.

Da, važno je da mi živimo mirno bez ikakvih problema u ovom svijetu. Međutim, u usporedbi sa Nebom, život koji mi živimo u ovom svijetu je jako kratak i privremen. Deset godina se čini kao dugo vremena, ali kada pogledamo unazad, to se čini kao jučer. Ostatak našeg vremena ovdje na zemlji je isti. Iako osoba može živjeti i teško raditi, te dobiti mnoge stvari, ona će umrijeti kada njen život ovdje na zemlji završi. Pa, kako im je to dobro?

Bez obzira koliko mi imamo i dobijemo, mi ne možemo to ponijeti sa sobom u vječni život. Te čak i ako dobijemo slavu i moć, kada umremo, sve će to u konačnici izblijediti i postati zaboravljeno.

Metode spasenja

Djela apostolska 4:12, "I nema ni u jednom drugom spasenja; jer nema drugoga imena pod nebom danoga ljudima, u kojem treba da se spasimo." Biblija nam govori da je Isus Krist jedini Spasitelj koji nas može spasiti. Zašto je onda spasenje moguće samo u ime Isusa Krista? To je zbog toga što se problem grijeha mora riješiti. Da bismo to bolje shvatili, pogledajmo u vrijeme Adama i Eve, korijena čovječanstva.

Nakon stvaranja Adama i Eve, Bog je dao Adamu moć i slavu vladati nad svim stvorenim bićima. I dugo vremena, oni su živjeli u obilju Edenskog vrta dok jedan dan nisu pali u zmijine planove i jeli sa stabla spoznaje dobra i zla. Nakon što su prekršili Božju zapovijed jer su jeli plod koji im je Bog zabranio da jedu, grijeh je ušao u njih (Postanak 3:1-6).

Poslanica Rimljanima 5:12 govori, "Zato kao što po jednome čovjeku uđe u svijet grijeh, i po grijehu smrt, i tako smrt prijeđe na sve ljude, jer svi sagriješiše." Zbog Adama, grijeh je došao u ovaj svijet i svo čovječanstvo je došlo do grijeha. Pa kao rezultat, smrt je došla do svog čovječanstva.

Bog nije jednostavno spasio te ljude od grijeha bez ikakvih uvjeta. Poslanica Rimljanima 5:18-19 kaže, "Dakle, grijeh jednoga - svim ljudima na osudu, tako i pravednost Jednoga - svim ljudima na opravdanje, na život! Doista, kao što su neposluhom jednoga čovjeka mnogi postali grešnici tako će i posluhom Jednoga mnogi postati pravednici."

To znači da baš kao što je svo čovječanstvo postalo grešno zbog grijeha jednog čovjeka, Adama, kroz providnost jednog čovjeka, svo čovječanstvo se također može spasiti. Bog je glava svih stvorenih bića, ali On čini da se sve stvari događaju u ispravnom redu (1. poslanica Korinćanima 14:40); prema tome On je pripremio jednog čovjeka koji ima sve kvalifikacije za Spasitelja- i to je bio Isus Krist.

Providnost spasenja kroz Isusa Krista

Među duhovnim zakonima, postoji zakon koji kaže, "Jer plaća je grijeha smrt" (Poslanica Rimljanima 6:23). Na suprotnoj strani, također postoji zakon za iskupljivanje od grijeha. Ono što je direktno povezano sa ovim duhovnim zakonom je zakon o iskupljenju zemlje u Izraelu. Taj zakon dopušta da osoba proda zemlju, ali ne trajno. Ako osoba proda svoju zemlju zbog ekonomskih poteškoća, u bilo koje vrijeme, jedan drugi od njegovih bogatih rođaka uvijek može otkupiti za njega. I ako on nema bogatih rođaka koji to mogu učiniti za njega, on sam to uvijek može otkupiti kad povrati svoje bogatstvo (Levitski zakonik 25:23-25).

Otkupljenje od grijeha radi na isti način. Ako je itko kvalificiran otkupiti svojeg brata od grijeha, on to može učiniti. Ali tko god to učini, taj nego mora platiti cijenu grijeha.

Ali kao što je zapisano u 1. poslanici Korinćanima 15:21, "Doista po čovjeku smrt, po Čovjeku i uskrsnuće od mrtvih," onaj koji nas može spasiti od grijeha mora biti čovjek. Zato je Isus došao u ovaj svijet u tijelu- u obliku čovjeka koji je postao grešnik.

Osoba koja sama ima dug nema sposobnost otplatiti dug za nekog drugog. Isto tako, osoba sa grijehom ne može otkupiti čovječanstvo od grijeha. Osoba ne nasljeđuje samo fizički izgled i osobnost od svojih roditelja, nego i njihovu grešnu narav. Ako mi promatramo malo dijete i mi vidimo drugo dijete kako sjedi u majčinom krilu, dijete postaje uznemireno i pokušava izgurati drugo dijete iz majčina krila. Iako ga to nitko nije naučio, ljubomora i zavist mu prirodno dolaze. Neke bebe, kada postanu gladne i nisu odmah nahranjene, počinju nekontrolirano plakati. To je zbog grešne prirode bijesa kojeg su naslijedili od njihovih roditelja. Ti tipovi grešnih priroda ljudi nasljeđuju od svojih roditelja kroz njihovu životnu silo koja se naziva "izvorni grijeh". Svi Adamovi potomci su rođeni sa izvornim grijehom; prema tome nitko od njih ne može otkupiti drugog od grijeha.

Međutim, Isus je rođen kroz začeće sa Duhom Svetim, pa On

nije naslijedio ovaj izvorni grijeh od bilo kojeg roditelja. I, dok je On odrastao, On je poštivao sve zakone; prema tome On nije počinio nikakav tip grijeha. U duhovnom svijetu, nemati grijeha je moć.

Isus je primio kaznu raspeća sa radosti jer je On imao vrstu ljubavi koja nije štedila čak ni Svoj život da bi otkupio čovječanstvo od grijeha. Da bi otkupio čovjeka od kletve Zakona, On je umro na drvenom križu (Poslanica Galaćanima 3:13) i prolio je Svoju prevrijednu krv koja nije bila ukaljana sa izvornim grijehom ili samo počinjenim grijehom. On je platio za sve grijehe svog čovječanstva.

Da bi spasio grešnike, Bog nije poštedio čak ni život Svojeg jednog i jedinog Sina od smrti na križu. Ovo je velika ljubav koju nam je On dao. I Isus je dokazao Svoju ljubav za nas predajući Svoj vlastiti život da bi postao prinos mira između nas i Boga. Osim Isusa, nitko drugi nema takvu vrstu ljubavi, ili moć da nas otkupi od grijeha. To su razlozi zašto samo kroz Isusa Krista mi možemo primiti spasenje.

Poglavlje 2

Otac, Sin i Duh Sveti

"Branitelj - Duh Sveti, koga će Otac poslati u moje ime, poučavat će vas o svemu i dozivati vam u pamet sve što vam ja rekoh."
(Po Ivanu 14:26)

Ako pogledaš u Postanak 1:26 kaže, "I reče Bog: 'Načinimo čovjeka na svoju sliku...'" Ovdje, "Mi" označava Trojednog Boga-Oca, Sina i Duha Svetog. Iako je svaka od uloga Oca, Sina i Duha Svetog u stvaranju čovjeka i ispunjenju providnosti različita, jer je Trojstvo izvorno jedno, Oni se nazivaju Trojednim Bogom ili Trojstvom.

To je jako važna doktrina kršćanske vjere i jer je to tajna poruka o izvoru Boga Stvoritelja, teško je potpuno shvatiti koncept sa ljudskom ograničenom logikom i znanjem. Međutim, da bismo riješili problem grijeha i primili potpuno spasenje, mi moramo imati ispravno znanje o Trojstvu Boga Oca, Boga Sina i Boga Duha Svetog. Samo kada imamo to razumijevanje, mi možemo potpuno uživati u blagoslovima i autoritetu kao Božja djeca.

Tko je Bog Otac?

Iznad svega, Bog je Stvoritelj svemira. Postanak poglavlje 1. opisuje kako je Bog stvorio svemir. Iz potpune ništavnosti, Bog je stvorio neba i zemlju u šest dana sa Svojom Riječi. Onda na šesti dan, Bog je stvorio Adama, oca čovječanstva. Samo gledajući na red i harmoniju svega u stvaranju, mi možemo znati da je Bog živ i da postoji jedan Bog Stvoritelj.

Bog je sveznajući. Bog je savršen i On zna sve. Prema tome, On nam dopušta znati o budućim događajima sa proročanstvima kroz one ljude koji imaju blisko prijateljstvu s Njim (Amos 3:7). Bog je također svemoguć i može sve učiniti. Zato Biblija drži rekord po nebrojenim znamenjima i čudima koja se ne mogu ostvariti sa ljudskom moći i sposobnosti.

Isto tako, Bog postoji sam od Sebe. U Izlasku poglavlje 3. mi vidimo scenu gdje se Bog pojavljuje ispred Mojsija. U gorućem grmu Bog ga zaziva da postane vođa Izlaska iz Egipta. U to vrijeme, On govori Mojsiju, "JA SAM KOJI JESAM." On objašnjava jednu od Svojih karakteristima, a to je Njegovo samo postojanje. To znači da ga nitko nije stvorio, niti rodio Boga. On je postojao kao On od prije početka.

Bog je također autor Biblije. Ali, jer Bog Stvoritelj nadaleko nadilazi čovjeka, teško je potpuno objasniti Njegovo postojanje iz ljudske perspektive. To je zbog toga što je Bog vječno biće; prema tome, sa ograničenim uvidom, čovjek ne može potpuno znati sve o Njemu.

U Bibliji, mi možemo vidjeti da se Bog Otac naziva drugačije, ovisno o situaciji. U Izlasku 6:3 kaže, "Abrahamu, Izaku i Jakovu objavljivao sam se kao El Šadaj. Ali njima se nisam očitovao pod svojim imenom - Jahve." I u Izlasku 15:3 zapisano je, "Jahve je ratnik hrabar, Jahve je ime njegovo." Ime "Jahve" ne znači samo "onaj koji sam postoji"; nego također znači jedan i jedini pravi Bog koji vlada nad svim nacijama svijeta i svemu u njima.

A izraz "El Šadaj" se koristi sa značenjem da On živi sa svakom rasom, državom ili osobom; prema tome to ime se koristi da se pokaže Božje čovječanstvo. Dok je ime "Jahve" šire, poznatije ime za Božju glavu, "El Šadaj" je izraz za Božju čovječanstvo koji ima blisko, duhovno prijateljstvo sa svakom individualnom osobom. "Bog Abrahama, Bog Izaka i Bog Jakoba" je takav primjer.

Pa zašto zovemo takvog Boga "Bog Otac"? To je zbog toga što Bog nije samo upravitelj cijelog svemira i konačni Sudac; nego još važnije, On je vrhovni direktor nad planiranjem i izvedbom kultivacije čovjeka. Ako vjerujemo u tog Boga, mi Ga nazivamo "Otac" i iskusimo veličanstvenu moć i blagoslove kao Njegova djeca.

Bog Otac- vrhovni direktor ljudske kultivacije

Bog Stvoritelj je započeo ljudsku kultivaciju da bi dobio pravu djecu sa kojom bi On mogao podijeliti pravu, voljenu vezu. Ali kako postoji početak i kraj svim stvorenim bićima, postoji početak i kraj za zemaljski život čovjeka.

Otkrivenje 20:11-15 govori, "I vidjeh veliko bijelo prijestolje, i onoga, koji je sjedio na njemu, od čijega je lica pobjegla zemlja i nebo, i mjesto im se ne nađe. I vidjeh mrtvace velike i male, gdje stoje pred prijestoljem; i knjige se otvoriše; i druga se knjiga otvori, koja je knjiga života; i suđeni biše mrtvaci po onome, što je napisano u knjigama, po djelima njihovim. I more dade svoje mrtvace; i smrt i podzemlje dadoše svoje mrtvace; i svaki bi suđen po djelima svojim. I smrt i podzemlje bačeni biše u jezero ognjeno. Ovo je druga smrt, jezero ognjeno. I tko se ne nađe zapisan u knjizi života, bačen bi u jezero ognjeno."

Ovaj stih je objašnjenje Suda Velikog Bijelog Trona. Kada se kultivacije čovjeka završi ovdje na zemlji, Gospod će se vratiti u zrak da bi uzeo sve vjernike. Onda, ti vjernici koji su živi će biti uzdignuti u Zrak, gdje će se Sedmogodišnja Svadbena Gozba dogoditi. Dok se Svadbena Gozba događa u Zraku, biti će sedam godina iskušenja ovdje na Zemlji. Nakon toga, Gospod će se vratiti na Zemlju i vladat će nad njom tisuću godina. I nakon milenijuma, dogoditi će se Sud Velikog Bijelog Trona. U to vrijeme, djeca Boga, čija su imena zapisana u knjizi života, ići će na Nebo, a oni čija imena nisu zapisana u knjizi života dobiti će sud prema njihovima djelima i onda ići u Pakao.

Kada pogledamo na Bibliju, mi možemo vidjeti da od trenutka kada je Bog stvorio čovjeka do ovog dana, Bog nas jednako voli. Čak i nakon što su Adam i Eva zgriješili i bili su prognani iz Edenskog vrta, Bog nam je dopustio znati o Njegovoj volji, Njegovoj providnost i stvarima koje će doći kroz pravedne ljude kao što su Noa, Abraham, Mojsije, David i Daniel. Čak i danas, Božja moć i prisustvo su još uvijek očiti u našim životima. On radi kroz one ljude koji Ga stvarno prihvaćaju i vole Ga.

Kada pogledamo na Stari Zavjet, mi možemo vidjeti da zbog toga što nas Bog voli, On nas uči kako ne pasti u grijeh i kako živjeti u pravednosti. On nas uči što su grijeh i pravednost tako da možemo izbjeći sud. On nas također uči da dok Ga slavimo, mi bismo trebali ostaviti sa strane posebne svečanosti da bismo Mu prinosili žrtve tako da ne zaboravimo živog Boga. Mi možemo vidjeti da je On blagoslovio one koji su vjerovali u Njega, a onima koji su griješili, dao im je priliku okrenuti se od svojih grijeha- ili kroz kaznu ili na neki drugi način. On je također koristio Svoje proroke da bi otkrio Svoju volju i da bi nas naučio živjeti u istini.

Međutim, ljudi nisu slušali, nego su radije nastavili griješiti. Da bi riješio taj problem, On je poslao Spasitelja, Isusa Krista, kojeg je On pripremio prije početka doba. I, On je taj koji je otvorio put spasenja tako da svi ljudi mogu biti spašeni kroz vjeru.

Tko je Sin, Isus Krist?

Osoba koja je počinila grijeh se ne može iskupiti za grijehe druge osobe, tako da je osoba bez ikakvoga grijeha potrebna. Zato je Sam Bog morao obući tijelo i doći na ovaj svijet- i to je bio Isus. Jer su plaće za grijehe smrt, Isus je morao primiti pogubljenje na križu da bi nas iskupio od naših grijeha. To je zbog toga što bez prolijevanja krvi, nema oprosta od grijeha (Levitski zakonik 17:11; Poslanica Hebrejima 9:22).

Pod Božjom providnosti, Isus je umro na drvenom križu da bi oslobodio čovječanstvo od kletve zakona. Nakon otkupljenja čovječanstva od svojih grijeha, On je uskrsnuo od mrtvih na treći dan. Prema tome svatko tko vjeruje u Isusa Krista kao svojeg Spasitelja dobiva oprost od svojih grijeha i prima spasenje. Baš kao Isus, koji je postao prvi plod uskrsnuća, mi također, ćemo uskrsnuti i ući na Nebo.

I po Ivanu 14:6 Isus kaže "Ja sam put iistina iživot: nitko ne dolazi k Ocu, osim po meni." Isus je put zbog toga što je On postao put da čovječanstvo može ući na Nebo gdje Bog Otac obitava; On je istina jer je On Riječ Boga koja je postala tijelo i došao je u ovaj svijet; i On je život zbog toga što samo kroz Njega čovjek prima spasenje i vječan život.

Dok je On bio ovdje na zemlji, Isus je potpuno slušao Zakon. Prema zakonu Izraela, On je obrezan na osmi dan o Svojeg rođenja.

Živio je sa Svojim roditeljima do dobi od 30 i ispunio je sve Svoje dužnosti. Isus nije imao iskonskih ni samo počinjenih grijeha. Prema tome zapisano je o Isusu u 1. Petrovoj poslanici 2:22, "...koji grijeha ne učini nit mu usta prijevaru izustiše."

Kratko vrijeme kasnije, prema Božjoj volji, Isus je počeo postiti 40 dana prije početka ispunjavanja Svojeg svećeništva. On je rekao mnogim ljudima o živom Bogu i evanđelju kraljevstva neba i pokazao je Božju moć gdje god je išao. Jasno je pokazao da je Bog pravi bog i da je On glavni nadglednik života i smrti.

Razlog zašto je Isus došao u ovaj svijet je da bi rekao svom čovječanstvo o Bogu Ocu, da bi uništio neprijatelja vraga, da bi nas spasio od grijeha i vodio nas do puta vječnog života. Pa po Ivanu 4:34 Isus kaže: "Jelo je moje vršiti volju onoga koji me posla i dovršiti djelo njegovo."

Isus Krist je Spasitelj

Isus Krist nije samo jedan od četiri velika filozofa koje je svijet ikad znao. On je Spasitelj koji je otvorio put spasenja za svo čovječanstvo; prema tome On se ne može staviti na isti nivo kao čovjek, koji je obično stvorenje. Ako pogledamo na Poslanicu Filipljanima 2:6-11 kaže "On, trajni lik Božji, nije se kao plijena držao svoje jednakosti s Bogom, nego sam sebe "oplijeni" uzevši lik sluge, postavši ljudima sličan; obličjem čovjeku nalik, ponizi sam sebe, poslušan do smrti, smrti na križu. Zato Bog njega preuzvisi i darova mu ime, ime nad svakim imenom, da se na ime Isusovo prigne svako koljeno nebesnika, zemnika i podzemnika. I svaki će jezik priznati: 'Isus Krist jest Gospodin!' - na slavu Boga Oca."

Jer je Isus slušao Boga i žrtvovao Se prema Božjoj volji, Bog Ga je uzdigao do najvećeg mjesta pored Svoje desne ruke i imenovao Ga Kraljem kraljeva i Gospodom gospoda.

Tko je Duh Sveti, Pomagač?

Kada je Isus bio ovdje u ovom svijetu, On je morao raditi unutar ograničenja vremena i prostora jer je On imao ljudsko tijelo. On je širio evanđelje u regijama Judeja, Samarija i Galileja, ali On nije mogao širiti evanđelje u udaljenim regijama. Međutim, nakon što je Isus uskrsnuo i uzašao na Nebo, On nam je poslao Duha Svetog, Pomagača, koji će doći na svo čovječanstvo nadilazeći ograničenja vremena i prostora.

Definicija "pomagača" je: "prorok koji brani, nagovara, ili pomaže shvatiti pogreške"; "savjetnik koji potiče i osnažuje drugog".

Jer je svet i jedno sa Bogom, Duh Sveti zna čak i dubine Božjeg srca (1.poslanica Korinćanima 2:10). Kao što grešnik ne može vidjeti Boga, na isti način Duh Sveti ne može boraviti u grešniku. Pa prije nego nas je Isus otkupio umirući na križu i prolijevajući Svoju krv za nas, Duh Sveti nije mogao doći u naša srca.

Ali nakon što je Isus umro i onda uskrsnuo, problem grijeha je riješen i svatko tko otvori svoje srce i prihvati Isusa Krista može onda primiti Duh Sveti. Kada je osoba opravdana sa vjerom, Bog joj daje dar Duha Svetog tako da Duh Sveti može boraviti u njegovom ili njenom srcu. Duh Sveti nas vodi i navodi nas, te kroz Njega, mi možemo komunicirati sa Bogom.

Pa zašto onda Bog daje Svojoj djeci dar Duha Svetog? To je zbog toga što osim ako Duh Sveti ne dođe u nas i oživi naš duh- koji je mrtav zbog Adamovog grijeha- mi ne možemo ući u istinu, ili boraviti u istini. Kada mi vjerujemo u Isusa Krista i primimo Duh Svet, Duh Sveti dolazi u naša srca i uči nas Božjim zakonima, koji su Istina, tako da mi možemo živjeti prema tim zakonima i boraviti u istini.

Radovi Duha Svetog, Pomagača

Primarni rad Duha Svetog je rad da mi budemo ponovno rođeni. Kao ponovno rođeni, mi shvaćamo Božje zakone i pokušavamo ih se držati. Zato je Isus rekao, "Ako se tko ne rodi iz vode i Duha, ne može ući u kraljevstvo Božje. Što je od tijela rođeno, tijelo je; i što je od Duha rođeno, duh je" (Po Ivanu 3:5-6). Pa osim ako nismo ponovno rođeni od vode i Duha Svetog, mi ne možemo primiti spasenje.

Ovdje, voda se odnosi na živu vodu- Božju Riječ. Mi moramo postati potpuno pročišćeni i transformirani sa Božjom Riječi, ili istinom. Pa što znači biti ponovno rođen od Duha Svetog? Kada mi prihvatimo Isusa Krista, Bog nam daje dar Duha Svetog i prihvaća nas kao Svoju djecu (Djela apostolska 2:28). Djeca Boga koja prihvate Duh Sveti slušaju Riječ Istine i uče razabrati između dobra i zla. I kada se oni mole sa cijelim srce, Bog im daje milost i snagu živjeti prema Njegovoj Riječi. To znači biti ponovo rođen od Duh Svetog. I u ovisnosti do mjere u kojoj Duh rađa duh za svaku osobu, on ili ona su pretvoreni sa istinom. Ovisno o mjeri u kojoj je svaka osoba promijenjena sa istinom, toliko ona može primiti duhovnu vjeru od Boga.

Drugo, Duh Sveti pomaže našim slabostima i posreduje za nas sa uzdasima predubokim za riječi, tako da se možemo moliti (Poslanica Rimljanima 8:26). On nas također kida da bi učinio bolje lađe od nas. I kao što je Isus rekao, "Branitelj - Duh Sveti, koga će Otac poslati u moje ime, poučavat će vas o svemu i dozivati vam u pamet sve što vam ja rekoh" (Po Ivanu 14:26), Duh Sveti nas vodi u istinu i uči nas o događajima koji će se dogoditi u budućnosti (Po Ivanu 16:13).

Nadalje, kada mi slušamo želje Duha Svetog, On će nas dovoditi do rađanja plodova i primanja duhovnih darova. Pa ako mi primimo Duh Sveti i djelujemo prema istini, On radi unutar nas tako da mi možemo rađati plodove ljubavi, radosti, mira, strpljivosti, blagosti, dobrote, vjernosti, nježnosti i samokontrole (Poslanica Galaćanima 5:22-23). Ne samo to, On nam također daje darove koji su nam koristi u našim duhovnim životima kao vjernicima, kao što su riječi mudrosti, riječi znanja, vjere, darovi ozdravljenja, efekti čuda, proročanstva, razabiranje duhova, razne vrste jezika i tumačenje jezika (1. poslanica Korinćanima 12:7-10).

Nadalje, Duh nam također govori (Djela apostolska 10:19), daje nam zapovijedi (Djela apostolska 8:29) i s vremena na vrijeme nam zabranjuje djelovati ako to ide protiv Božje volje (Djela apostolska 16:6).

Trojedni Bog ispunjava providnost spasenja

Pa Otac, Sin i Duh Sveti su izvorno bili jedno. U početku, taj jedan Bog, postojeći kao Svijetlo sa zvonkim glasom unutar, vladao je cijelim svemirom (Po Ivanu 1:1; 1. Ivanova poslanica 1:5). Onda, u određenoj točci, da bi dobio pravu djecu sa kojom bi On mogao dijeliti Svoju ljubav, On je počeo plan za providnost ljudske kultivacije. On je podijelio jedan prostor u kojem je On izvorno postojao u mnoge prostore i počeo je postojati kao Trojedni Bog.

Bog sin, Isus Krist je začet od Izvornog Boga (Djela apostolska 13:33; Poslanica Hebrejima 5:5) i Bog Duh Sveti, je također začet od Izvornog Boga (Po Ivanu 15:26; Poslanica Galaćanima 4:6). Prema tome Bog Otac, Bog Sin i Bog Duh Sveti- Trojedni Bog je ispunjavao providnost ljudskog spasenja i nastavit će ispunjavati zajedno do dana Suda Velikog Bijelog Trona.

Kada je Isus obješen na križ, On nije Sam patio. Bog Otac i Duh Sveti su također osjetili bol sa Njim. Isto tako, kako Duh Sveti ispunjava Svoje svećeništvo žaleći i zagovarajući za duše ovdje na zemlji, Bog Otac i Gospod također rade zajedno sa Njim.

U 1. Ivanovoj poslanici 5:7-8 piše, "Jer troje je što svjedoči:

Duh, voda i krv; i to je troje jedno." Voda duhovno simbolizira svećeništvo Božje Riječi, a krv duhovno simbolizira svećeništvo Gospoda i prolijevanje Njegove krvi na križu. Radeći zajedno u Njihovim svećeništvima, Trojedni Bog daje dokaze spasenja svim vjernicima.

Isto tako, po Mateju 28:19 kaže, "Pođite dakle i učinite mojim učenicima sve narode krsteći ih u ime Oca i Sina i Duha Svetoga." I u 2. poslanici Korinćanima 13:14 piše, "Milost Gospodina Isusa Krista, ljubav Boga i zajedništvo Duha Svetoga sa svima vama!" Mi ovdje možemo vidjeti da su ljudi kršteni i blagoslovljeni u ime Trojednog Boga.

Na isti način, jer su Bog Otac, Bog Sin i Bog Duh Sveti jedno po prirodi, jedno srce i jedan um u izvoru, svaka o Njihovih uloga u kultivaciji čovjeka se razabire na uredan način. Bog je jasno istaknut u periodu Starog Zavjeta, gdje Sam Bog Otac vodi Svoje ljude; period Novog Zavjeta, gdje je Isus došao u ovaj svijet da bi postao Spasitelj za čovječanstvo; i kasniji period milosti, gdje Duh Sveti, Pomagač, vrši Svoje svećeništvo. Trojedni Bog je izvršavao Svoju volju u svakom od tih perioda.

Djela apostolska 2:38 kažu, "Obratite se, i svaki od vas neka se krsti u ime Isusa Krista za oproštenje grijeha svojih, i primit ćete dar Duha Svetoga." I kao što je zapisano u 2. poslanici Korinćanima 1:22, "on nas i zapečati i u srca naša dade zalog - Duha," ako mi prihvatimo Isusa Krista i primimo Duh Sveti, mi ne primamo samo pravo postati Božja djeca (po Ivanu 1:12), nego mi također primamo vodstvo Duha Svetog odbaciti grijehe i živimo u Svjetlu.

Kada naša duša uspijeva, sve stvari će uspijevati i mi ćemo primiti blagoslove i duhovnog i fizičkog zdravlja. I jednom kad odemo na Nebo, mi ćemo također uživati u vječnom životu!

Ako samo Bog Otac postoji, mi ne bismo mogli potpuno primiti spasenje. Potreban nam je Isus Krist jer mi možemo uči u Božje kraljevstvo samo nakon što operemo naše grijehe. I ako želimo odbaciti naše grijehe i tražiti Božju sliku, mi trebamo pomoć Duha Svetog. Jer nam Trojedni Bog- Otac, Sin i Duh Sveti- pomažu, mi možemo primiti potpuno spasenje i dati slavu Bogu.

Napomena

Tijelo i djela tijela

Izraz "tijelo" iz duhovne perspektive je generalni izraz koji se odnosni na neistinu u našim srcima koja izlazi na otvoreno kao djela. Na primjer, mržnja, zavist, preljub, ponos i slično, izlaze u određena djela kao što su nasilje, zlostavljanje, ubojstvo, itd. to se zbirno naziva "tijelo" i svako od tih grijeha, kada se klasificiraju odvojeno, nazivaju se "radovi tijela".

Požuda tijela, požuda očiju, hvalisav ponos života

"Požuda tijela" se odnosi na prirode koje uzrokuju čovjeku da počini grijehe slijedeći želje tijela. Te tendencije uključuju mržnju, ponos, bijes, lijenost, preljub, itd. Kada te grešne prirode susretnu određen okoliš koji ih provocira, požuda tijela počinje izlaziti. Na primjer, ako netko ima grešnu prirodu "suđenja i osuđivanja" drugih, on ili ona će željeti čuti glasine i uživati u ogovaranju.

"Požuda očiju" se odnosi na grešnu narav koja tjera osobu željeti stvari tijela kada je srce isprovocirano sa osjećajima gledanja ili slušanja kroz oči ili uši. Požuda očiju je stimulirana kada mi vidimo ili čujemo stvari ovog svijeta. Ako te stvari nisu odbačene nego ih nastavimo primati i unositi, požuda tijela je provocirana i mi završavamo sa počinjenjem grijeha.

"Hvalisav ponos života" se odnosi na grešnu narav u čovjeku koja čini da se želi pokazati sa hvalisanjem ili hvaljenjem dok slijedi ugodu ovog svijeta. Ako osoba ima tu hvalisavu narav, ona će stalno pokušati dobiti stvari ovog svijeta da bi se pokazivala.

Poglavlje 3

Radovi tijela

"Očita su djela tjelesna, a ova su: preljubočinstvo, nečistoća, besramnost, razuzdanost, idolopoklonstvo, čaranja, neprijateljstva, svađe, ljubomor, srdžbe, spletke, razdori, sljedbe, zavisti, ubojstva, pijanstva, razuzdane gozbe i ovim slična, za koja vam unaprijed kažem, kao što sam i prije rekao, da oni, koji tako što čine, neće postići kraljevstva Božjega."
(Poslanica Galaćanima 5:19-21)

Čak i kršćani koji su bili vjernici dugo vremena možda ne znaju termin "radovi tijela". To je zbog toga što u mnogim slučajevima crkve ne uče konkretno o grijehu. Međutim, kao što je jasno zapisano po Mateju 7:21, "Neće u kraljevstvo nebesko ući svaki koji mi govori: 'Gospodine, Gospodine!', nego onaj koji vrši volju Oca mojega, koji je na nebesima," mi moramo znati točno što je Božja volja i mi zasigurno moramo znati o grijesima koje Bog mrzi.

Bog ne naziva samo vidljiva djela "grijesima", nego On također smatra mržnju, zavist, ljubomoru, suđenje i/ili osuđivanje drugih, okorjelost, lažljivo srce, itd. kao grijesima. Prema Bibliji, "Sve što nije iz vjere" (Poslanica Rimljanima 14:33), znati pravu stvar, a ne pridržavati je se (Jakovljeva poslanica 4:17), ne činiti dobro koje Ja želim činiti i umjesto toga prakticirati zlo koja Ja ne želim (Poslanica Rimljanima 7:19-20), djela tijela (Poslanica Galaćanima 5:19-21) i stvari tijela (Poslanica Rimljanima 8:5) se sve naziva "grijesi".

Sve te vrste grijeha oblikuju zid koji stoji između nas i Boga, kao što je zapisano u Izaiji 59:1-3, "Ne, nije ruka Jahvina prekratka da spasi, niti mu je uho otvrdlo da ne bi čuo. Nego su opačine vaše jaz otvorile između vas i Boga vašega. Vaši su grijesi lice njegovo zastrli, i on vas više ne sluša. Jer ruke su vaše u krvi ogrezle, a vaši prsti u zločinima. Usne vam izgovaraju laž, a jezik podlost mrmlja."

Pa kakav specifičan zid grijeha stoji između nas i Boga?

Stvari tijela i djela tijela

Normalno, kada se mi odnosimo na ljudsko tijelo, riječ "tijelo" i "meso" se koriste naizmjenično. Međutim, duhovna definicija "tijela" je drugačija. Poslanica Galaćanima 5:24 kaže, "Koji su Kristovi, razapeše tijelo sa strastima i požudama." Sad, to ne znači da mi moramo doslovno razapeti naša tijela.

Mi moramo znati duhovno značenje riječi "tijelo" da bismo shvatili značenje stiha iznad. Nemaju sve korištene riječi "tijelo" duhovno značenje. Ponekad se to jednostavno odnosi na ljudsko tijelo. Zbog toga mi moramo jasnije znati taj termin, tako da mi možemo vidjeti kada se riječ koristi sa duhovnom vezom, a kada ne.

Izvorno, čovjek je stvoren sa duhom, dušom i tijelom, te on nije imao grijeha. Međutim, nakon što je prekršio Božju Riječ, čovjek je postao grešnik. I, pošto su plaće za grijehe smrt (Poslanica Rimljanima 6:23), duh, koji je gospodar čovjeka je umro. I ljudsko tijelo je postala uzaludna stvar koja, sa prolaskom vremena, u konačnici postaje oronula, raspadajuća i vraća se u šaku prašine. I tako čovjek drži grijeh unutar svojeg tijela i kroz djela on čini te grijehe. Tu dolazi riječ "tijelo".

"Tijelo", kao duhovni izraz, predstavlja kombinaciju grešne naravi i ljudskog tijela iz kojeg je istina istekla. Pa kada se Biblija odnosi na "tijelo", to označava grijeh koji još nije prešao u djelo, ali koji bi mogao biti potaknut u bilo kojem trenutku. To uključuje grešne misli i sve druge tipove grijeha unutar našeg tijela. I svi ti grijesi, kada su označeni skupno, nazivaju se "stvari tijela".

Drugim riječima, mržnja, ponos, bijes, sud, osuđivanje, preljub, pohlepa, itd. se zbirno nazivaju "tijelo" i svaki od tih grijeha zasebno se naziva "stvari tijela". Pa sve dok te stvari tijela ostanu u srcu osobe, pod pravim okolnostima, one izlaze na otvoreno u bilo kojem trenutku kao grešno djelo. Na primjer, ako ima varljiva narav u srcu osobe, možda nije očito pod normalnim okolnostima, ali ako je osoba pritisnuta u štetnu ili hitnu situaciju, on ili ona mogu lagati drugoj osobi kroz varljive riječi ili djela.

Grijesi koji tako dođu na otvoreno se također nazivaju "tijelo", ali svako od tih dijela počinjeni u djelima se nazivaju "radovi tijela". Ako, na primjer, ti imaš želju udariti nekoga, ta "loša želja" se smatra kao "stvar tijela". Ako stvarno nekog udariš, to se onda smatra "rad tijela".

Ako pogledaš u Postanak 6:3 ono kažem "Onda JAHVE reče: 'Neće moj duh u čovjeku ostati dovijeka; čovjek je tjelesan'". Bog govori da On neće ostati sa čovjekom zauvijek, jer se čovjek promijenio u tijelo. Onda znači li to da Bog nije sa nama? Ne, ne znači. Jer smo mi prihvatili Isusa Krista, primili Duh Sveti i postali ponovno rođeni kao Božja djeca, mi više nismo ljudi tijela.

Ako živimo prema Božjoj Riječi i slijedimo vodstvo Duha Svetog, Duh rađa duh i mi postajemo pretvoreni u ljude duha. Bog, koji je duh, boravi sa onima koji su se pretvaraju svakog dana u ljude duha. Međutim, Bog ne boravi sa onim ljudima koji kažu da vjeruju, a ipak nastavljaju griješiti i činiti radove tijela. Biblija ističe opet i opet, kako ta vrsta ljudi ne može primiti spasenje (Psalam 92:7; Po Mateju 7:21; Poslanica Rimljanima 6:23).

Radovi tijela koji drže čovjeka od nasljeđivanja kraljevstva Boga

Ako, nakon života usred grijeha, mi shvatimo da smo grešnici i prihvatimo Isusa Krista, mi se trudimo ne počiniti radove tijela koji se jasno pojavljuju kao "grijesi". Da, Bog nije zadovoljan sa "stvarima tijela", ali "radovi tijela " su oni koji nas zapravo mogu zadržati od nasljeđivanja kraljevstva Boga. Prema tome, mi se moramo truditi još više ne počiniti radove tijela.

1. Ivanova poslanica 3:4 kaže, "Tko god čini grijeh, čini i bezakonje; ta grijeh je bezakonje." Ovdje, "Tko god čini grijeh," je svatko tko počini radove tijela. Isto tako, nepravednost je bezakonje; prema tome ako si nepravedan, iako kažeš da si vjernik, Biblija te upozorava da ne možeš primiti spasenje.

1. Poslanica Korinćanima 6:9-10 govori, "Ili ne znate, da nepravednici neće baštiniti kraljevstva Božjega? Ne varajte se: "ni bludnici, ni idolopoklonici, ni preljubočinci, ni mekoputnici, ni muželožnici, ni kradljivci, ni lakomci, ni pijanice, ni psovači, ni razbojnici neće baštiniti kraljevstva Božjega."

Po Mateju poglavlje 13. jasno objašnjava što će se dogoditi toj vrsti ljudi na kraju doba: "Sin će Čovječji poslati svoje anđele da pokupe iz njegova kraljevstva sve zavodnike i bezakonike i bace ih u peć ognjenu, gdje će biti plač i škrgut zubi" (s. 41-42). Zašto bi se to dogodilo? To je zbog toga što umjesto da pokušavaju odbaciti grijehe, ti ljudi žive životom satkanim od neistina ovog svijeta. Pa u Božjim očima, oni nisu "pšenica", nego "pljeva".

Najvažnije je prvo shvatiti kakvu smo vrstu zida grijeha podignuli između Boga i nas, te mi moramo srušiti taj zid. Samo nakon što riješimo taj problem grijeha nas Bog može priznati kao da imamo vjeru i mi možemo odrasti i stariti kao "pšenica." I to je kada možemo primiti odgovore na naše molitve i iskusiti ozdravljenje i blagoslove.

Očita dijela tijela

Pošto radovi tijela izlaze kao djela, mi možemo jasno vidjeti opaku i korumpiranu sliku počinjenog grijeha. Najočitiji radovi tijela su nemoral, nečistoća i požudnost. Ti grijesi su seksualni grijesi i oni koji počine tu vrstu grijeha ne mogu primiti spasenje. Prema tome, svatko na koga se ti grijesi primjenjuju mora se brzo pokajati i okrenuti od svojih putova.

1) Nemoral, nečistoća i požudnost

Prvo, "nemoral" se ovdje odnosi na seksualni nemoral. To je kada nevjenčani muškarac ili žena imaju fizičku vezu jedni s drugima. U ovom dobu, jer je naše društvo tako puno grijeha, imati seksualnu vezu prije braka je postala norma. Međutim, čak i ako će se dvoje ljudi vjenčati i oni vole jedno drugo, to se svejedno smatra djelovanjem u neistini. Ali u današnje vrijeme, ljudi čak nisu ni posramljeni. Oni čak ni ne smatraju takva djela kao grijeh. To je zbog toga što kroz drame ili filmove, društvo okreće priče o nezakonitim aferama i vezama koje odskaču od istine u "prekrasne ljubavne priče". Kako ljudi gledaju i postaju upleteni u te tipove drama i filmova, njihov smisao razabiranja grijeha se umanjuje i malo po malo, ljudi postaju potpuno neosjetljivi na grijeh.

Seksualni nemoral nije prihvatljiv čak ni sa etičkog ili moralnog stajališta. Pa kako više mora biti neprihvatljiv u očima svetog Boga? Ako dvoje ljudi stvarno voli jedno drugo, oni bi trebali prvo, kroz instituciju braka, primiti priznanje od Boga, od svojih roditelja i rođaka, te onda napustiti svoje roditelje i postati jedno tijelo.

Drugo, seksualni nemoral je kada oženjeni muškarac ili žena ne drži vjenčani zavjet svetim. Prvenstveno, to je kada suprug ili supruga ulazi u vezu sa nekim drugim osim sa svojim zakonitim supružnikom. Međutim, osim preljuba koji se događa u vezama između ljudi, također postoji duhovni preljub koji ljudi često počine. To je kada se ljudi nazivaju vjernicima, a ipak oni slave idole ili savjetuju se sa vidovnjacima i čarobnjacima, ili ovise o nekoj vrsti crne magije i opakih čini. To je djelo služenja zlim duhovima i demonima.

Ako pogledaš na Brojeve poglavlje 25, dok su sinovi Izraela boravili u Šitimu, ljudi nisu samo počinili nemoral sa ženama Moaba; oni su se također klanjali njihovim bogovima. Kao rezultat, Božji bijes je bio na njima i 24000 ljudi je umrlo od kuge tog dana. Prema tome, ako netko kaže da on ili ona vjeruju u Boga, a ipak ovisi o idolima i demonima, to je djelo duhovnog preljuba i djelo izdaje Boga.

Slijedeće, "nečistoća" je kada grešna priroda ode predaleko i postane prljava. Na primjer, kada preljubničko srce ode predaleko, provalnik može silovati i majku i njenu kćer u isto vrijeme. Kada ljubomora ode predaleko, ona također može postati "nečistoća". Na primjer, ako osoba postane ljubomorna na drugu osobu do točne crtanja slike te osobe i bacanja strelica, ili bockanja slike sa iglama, takva abnormalna djela dolaze kao rezultat te ljubomore i ta djela su "nečistoća".

Prije nego osoba povjeruje u Boga, on ili ona mogu imati grešne naravi mržnje, ljubomore ili preljuba u sebi. Zbog Adamovog izvornog grijeha, svaki čovjek je rođen sa neistinama, koje su korijen svake čovjekove prirode. Kada te grešne naravi unutar čovjeka pređu određenu granicu i odu izvan granica morala i etike, te uzrokuju štetu i bol drugoj osobi, mi kažemo da je to "nečisto".

"Požuda" je traženje ugode u senzualnim stvarima, kao što su seksualne želje ili maštanja, te počinjenje svih vrsta nedoličnih djela dok se slijede te požudne želje. "Požuda" je drugačija od "preljuba" u tome da osoba živi većinu svojeg dnevnog života uronjena u preljubničke misli, riječi i/ ili djela. Na primjer, parenje sa životinjama, homoseksualne veze- žena čini nedolična djela sa drugom ženom, ili muškarac sa drugim muškarcem- ili korištenje seksualnih igrački, itd. sve su to zla djela koja padaju pod "požudu".

U današnjem društvu, ljudi kažu da bi se homoseksualnost trebala poštovati. Međutim, to ide protiv Boga i protiv racionalnosti (Poslanica Rimljanima 1:26-27). Isto tako, ljudi koji se smatraju kao žene, ili žene koje misle o sebi kao o muškarcima, ili transseksualci, oni nisu prihvatljivi Bogu (Ponovljeni zakon 22:5). To ide protiv Božjeg reda stvaranja.

Kada se društvo počne raspadati zbog grijeha, prva stvar koja postaje poremećena je ljudski moral i etika koja se tiče seksa. Povijesno, kad god je seksualna kultura društva postala korumpirana, slijedio je Božji sud. Sodoma, Gomora i Pompeji su jako dobar primjer toga. Kada vidimo kako se seksualna kultura našeg društva izvrče preko cijelog svijeta- do točke u kojoj se ne može obnoviti- mi možemo znati da je Dan Suda blizu.

2) Idolatrija, vračanje i neprijateljstvo

"Idoli" mogu biti podijeljeni u dvije glavne kategorije. Prvo je stvaranje slike boga koja nema oblika sa formiranjem nekakvoga fizičkog oblika za njega, ili stvaranje neke vrste slike ili objekta slave. Ljudi žele stvari koje mogu vidjeti sa svojim očima, dodirnuti sa svojim rukama i osjetiti sa svojim tijelom. Zato ljudi koriste drvo, kamenje, čelik, zlato ili srebro da bi stvorili slike ljudi, životinja, ptica ili riba da bi ih slavili. Ili oni daju nekakvo ime, kao bog sunca, mjeseca i zvijezda, te ga slave (Ponovljeni zakon 4:16-19). To se naziva "idolatrija".

U Izlasku poglavlje 32, mi vidimo da kada je Mojsije otišao na planinu Sinaj primiti Zakon i nije se odmah vratio, Izraelci su napravili zlatno tele i slavili ga. Iako su vidjeli brojna znamenja i čuda, oni svejedno nisu vjerovali i u konačnici, oni su počeli slaviti idola. Videći to, Božji bijes je bio na njima i On je rekao da će ih On uništiti. U to vrijeme, njihovi su životi pošteđeni zahvaljujući Mojsijevoj vatrenoj molitvi. Ali kao rezultat tog događaja, oni koji su bili u dobi od dvadeset u vrijeme Izlaska nisu mogli ući u zemlju Kaanan i prema tome umrli su u pustinji. Iz toga, mi možemo vidjeti koliko Bog mrzi djelo pravljenja idola, klanjanja njima i slavljenja njih.

Drugo, ako postoji nešto što mi volimo više od Boga, onda to postaje idol. Poslanica Kološanima 3:5-6 govori, "Umrtvite dakle udove svoje, koji su na zemlji: bludnost, nečistoću, požudu, zlu želju i lakomstvo, koje je idolopoklonstvo, Zbog kojih dolazi gnjev Božji na sinove neposluha."

Na primjer, ako netko ima pohlepu u svojem srcu, onda će on možda imati ljubav za materijalno imanje više od Boga i da bi povećao svoj novac on možda neće držati Gospodov dan svetim. Isto tako, ako osoba pokušava zadovoljiti pohlepu u svojem srcu voleći druge ljude ili stvari više od Boga- kao svoje supružnike, djecu, slavu, moć, znanje, zabavu, televiziju, sport, hobije ili izlaske- i ne voli se moliti i voditi vatren duhovni život, onda je to djelo slavljenja idola.

Samo zato što nam Bog govori da ne počinimo idolopoklonstvo, ako ljudi pitaju, "Pa znači li to da Bog želi da mi slavimo samo Njega i volimo Njega?" i oni misle da je Bog sebičan, oni su u zabludi. Bog nam ne govori da volimo Njega prvog da bi bio diktator. On je to učinio da bi nas vodio da živimo živote dostojne ljudskih bića. Ako osoba voli i slavi druge stvari više od Boga, ona ne može ispuniti svoje dužnosti kao ljudsko biće i ona ne može odbaciti grijehe iz svojeg života.

Slijedeće, rječnik definira "vračanje" kao "praksa ili čarolije osobe koja bi trebala prikazivati nadnaravne moći ili čarolije kroz pomoć zlih duhova; crna magija; vještičarstvo." Savjetovanje sa šamanima, vračarama i slično, svi spadaju u tu kategoriju. Neki ljudi idu šamanu ili vračari da bi pitali o svojem djetetu koje se sprema ići na ulazni ispit za fakultet, ili da bi saznali da li su njihovi zaručnici dobar par sa njima. Ili ako neki problem nastane u njihovom domaćinstvu, oni pokušavaju dobiti amulet ili privjesak za dobru sreću. Ali djeca Boga nikad ne bi trebala činiti tu vrstu stvari, jer korištenje tih stvari će donijeti zle duhove u njihove živote i veća iskušenja će se dogoditi kao rezultat.

"Čarolije" i "uroci" su taktike za varanje drugih, kao planiranje zlog plana za varanje nekog, ili uzrokovati da padnu u zamku. Sa duhovne perspektive, "vračanje" je djelo varanja druge osobe kroz lukavu prevaru. Zbog toga tama danas vlada u svim različitim dijelovima našeg društva.

"Neprijateljstvo" je osjećaj jeda ili neprijateljstva prema nekome ili željeti njegovu konačnu propast. Ako pažljivo studiraš srca ljudi koji imaju neprijateljstvo prema drugoj osobi, ti možeš vidjeti da se oni zapravo udaljavaju i mrze drugu osobu ili zbog toga što ne vole tu osobu iz nekog razloga ili zbog njihovih zlih emocija. Sad, kad te zle emocije narastu preko određene točke, oni mogu eksplodirati u djela koja mogu naštetiti drugoj osobi; kao što je stvaranje kleveti protiv njih, tračati ili ih ogovarati, te sve druge vrste zlobnih zlih djela.

U Samuelu poglavlje 16. mi vidimo čim je duh GOSPODA napustio Šaula, zli duh je došao gnjaviti ga. Ali kada je David svirao svoju harfu, Šaul je bio obnovljen i dobro, te zli duh ga je napustio. Isto tako, David je ubio Filistejskog diva, Golijata, sa pračkom i kamenom, te spasio naciju Izrael od krize, stavljajući svoj život na liniju da bi bio vjeran Šaulu. Međutim, Šaul je bio uplašen da će njegova vladavina biti predana Davidu i on je potrošio mnoge godine progoneći Davida da bi ga ubio. Konačno, Bog se odrekao Šaula. Božja Riječ nam govori da volimo čak i svoje neprijatelje. Prema tome ne bismo trebali imati neprijateljstvo sa nikim.

3) Svađa, ljubomora, izljevi bijesa

"Svađa" se događa kada ljudi postave svoju osobnu dobit i moć kao prioritet ispred drugih i bore se za to. Prepirka obično započinje sa pohlepom i uzrokuje sukobe koji vode do svađe između nacionalnih vođa, članova političke stranke, obiteljskih članova, ljudi unutar crkve i svih drugih međusobnih veza.

U korejskoj povijesti mi imamo primjer svađe među nacionalnim vođama. Dae Won Goon, otac posljednjeg cara Chosun dinastije i njegova snaha carica Myong Sung su se svađali zbog političke moći jedno protiv drugog sa različitim stranim moćima koji su ih podupirali. To je trajalo više od deset godina. To je dovelo do nacionalnog kaosa, što je dalje vodilo do pobuna sa vojnim bunama, te čak i seljačkim pobunama. Mnogi politički vođe su ubijeni kao rezultat toga i caricu Myong Sung su također ubili japanski ubojice. U konačnici, zbog te svađe između glavnih nacionalnih vođa, Koreja je izgubila svoju suverenost u korist Japanaca.

Prepirke se također mogu dogoditi između supružnika, ili roditelja i djece. Ako oba supružnika žele da druga osoba posluša njihove želje, to može uzrokovati svađu, te čak voditi do razvoda. Postoje čak i slučajevi gdje supružnici tuže jedno drugo i postaju cijelo životni neprijatelji. Ako postoji prepirka u crkvu, Sotonin rad počinje i sprječava crkvu u rastu, te drži sve urede crkve od ispravnog funkcioniranja.

Kao što čitamo kroz Bibliju, mi često dolazimo do scena gdje su konflikti i prepirke. U 2. Samuelovoj 18:7 mi vidimo da je Davidov sin, Absalom, vodio pobunu protiv Davida i dvadeset tisuća ljudi je ubijemo, svi u jednom danu. Isto tako, nakon Solomonove smrti, Izrael je podjeljen na sjeverno kraljevstvo Izrael i južno kraljevstvo Judeju, te čak i nakon toga, svađa i rat su se samo nastavljali. Posebno u sjevernom kraljevstvo Izraelu, tronu je stalno prijetila prepirka. Pa, znajući da prepirka vodi do boli i uništenja, ja se nadam da ćeš ti uvijek tražiti korist drugih i stvarati mir.

Slijedeće, "ljubomora" je kada se osoba udalji od drugih osoba i mrzi ih jer je ona postala zavidna misleći da su oni bolje od nje. Kada ljubomora naraste, može se razviti u bijes ispunjen zlom. To može uzrokovati prepirke koje vode do sporova.

Ako pogledaš u Bibliju, Jakobove dvije žene, Lea i Rahela, su bile ljubomorne jedna na drugu, sa Jakobom među njima (Postanak poglavlje 30). Kralj Šaul je bio ljubomoran na Davida, koji je primio više ljubavi od ljudi nego on (1. Samuelova 18:7-8). Kain je bio ljubomoran na svojeg brata, Abela i ubio ga (Postanak 4:1-8). Ljubomora proizlazi iz zla u srcu osobe koje ju provocira da zadovolji svoju pohlepu.

Najlakši način sa kojim možeš otkriti imaš li ljubomoru je ako pogledaš osjećaš li se nelagodno kada vidiš drugu osobu kako uspijeva i dobro joj je. Nadalje, ti možeš početi mrziti drugu osobu i željeti uzeti ono što ona ima. Isto tako, ako se čak i usporediš sa drugom osobom i osjećaš se obeshrabreno, ljubomora je u korijenu tog problema. Kada je ta osoba slične dobi, vjere, iskustava i pozadine ili okoliša posebno je lako osjetiti ljubomoru prema toj osobi. Baš kao što nam Bog zapovijeda "voli svojeg susjeda kao samog sebe", ako druga osoba primi kompliment jer su bolji od nas u nečem, Bog želi da budemo radosni zbog njih. On želi da mi budemo radosni kao da mi sami primamo kompliment.

"Izljevi bijesa" je iskazivanje bijesa koje ide izvan samo ljutnje unutra i pokušavanja zadržavanja. Oni često imaju razarajuće rezultate. Oni, na primjer, lako postaju ljuti kada se netko ne slaže sa tvojim mišljenjem ili mislima i korištenje nasilja, te čak ubijanje. Jednostavno frustriranje ili izražavanje te frustracije ne remeti spasenju; međutim, ako imaš zlu narav bijesa, ti možeš djelovati sa izljevima bijesa. Prema tome, ti moraš izvuči to zlo pri korijenu i odbaciti ga.

To je slučaj kralja Šaula, koji je postao ljubomoran na David i uporno ga pokušao ubiti samo zato što je on primio hvalu od ljudi- koju je zapravo zaslužio! Postoji nekoliko mjesta u Bibliji gdje je Šaul prikazao izljeve bijesa. On je jednom bacio koplje na Davida (1. Samuelova 18:11). Samo zato što je grad Nob pomogao Davidu u bijegu Šaul je srušio grad. To je bio grad svećenika i Šaul nije ubio samo muškarce, žene, djecu i bebe; on je također ubio volove, magarce i ovce (1. Samuelova 22:19). Ako mi postanemo tako previše ljuti, mi gomilamo veliku količinu grijeha.

4) Sporovi, razdori, frakcije

"Sporovi" uzrokuju da se ljudi razdvajaju. Ako im nešto ne koristi, oni oblikuju klike ili grupe. To se ne odnosi jednostavno na ljude koji su bliski, dijele nešto zajedničko ili se često susreću. To su suprotne grupe gdje njihovi članovi ogovaraju, kritiziraju, sude i osuđuju. Te grupe se mogu oblikovati unutar obitelji, u susjedstvu, te čak i u crkvi.

Ako, na primjer, netko tko ne voli svojeg svećenika i počinje ogovarati o njemu unutar grupe ljudi koji imaju isto mišljenje, to je onda "Sotonina sinagoga". Jer su ti ljudi smetnja u svećeništvu jer ih se sudi i osuđuje, crkva kojoj služe ne može iskusiti oživljenje.

"Razdor" znači stvoriti frakciju i odvojiti se od ostatka dok slijediš svoju vlastitu volju i misli. Primjer je stvaranje podjele unutar crkve. Ovo je djelo koje ide protiv volje Boga, jer je uzrokovano snažnim mišljenjima da je mišljenje osobe jedini ispravan način razmišljanja i da sve mora biti podređeno da bi koristimo koristi te osobe.

Davidov sin, Absalom je izdao i pobunio se protiv svojeg oca (2. Samuelova poglavlje 15), jer je on slijedio svoju vlastitu pohlepu. Tijekom te pobune, mnogi Izraelci, čak i Ahitofel, Davidov savjetnik, je prešao na Absalomovu stranu i izdao Davida. Bog odbacuje takve ljude koji se bave radovima tijela. Prema tome, Absalom i svi ljudi koji su bili na njegovoj strani su u konačnici poraženi i susreli su se sa jadnim kraljevima.

"Krivovjerje" je djelo ljudi koji negiraju Gospoda, koji ih je otkupio, donoseći brzo uništenje na sebe (2. Petrova poslanica 2:1). Isus Krist je prolio Svoju krv da bi nas spasio, dok smo mi bili usred grijeha; prema tome ispravno je reći da nas je On otkupio sa Svojom krvi. Pa ako mi tvrdimo da vjerujemo u Boga ali negiramo Sveto Trojstvo, ili negiramo Isusa Krista koji nas je otkupio sa Svojom krv, onda je to kao da mi donosimo uništenje na sebe.

Ima vremena kada, bez znanja prave definicije krivovjerja, ljudi optužuju i osuđuju druge ljude za krivovjerje samo zato što su malo drugačiji od njih. Međutim, to je jako opasna stvar za činiti, te može pasti u kategoriju remećenja rada Duha Svetog. Ako netko vjeruje u Trojednog Boga- Oca, Sina i Duha Svetog, a ne negira Isusa Krista, mi ih ne možemo osuditi zbog krivovjerja.

5) Zavist, ubojstva, pijanstvo, pijančevanje

"Zavist" je ljubomora prikazana u djelima. Ljubomora je ne odobravati ili mrziti druge kada im stvari dobro idu, a zavist je korak dalje gdje to neodobravanje provocira nekoga da izvrši djela štete drugima. Normalno, zavist se može pronaći najčešće među ženama, ali zasigurno se događa i među muškarcima; i ako se nastavi, to može voditi do ozbiljnog grijeha kao ubojstvo. Te čak i ako ne dođe do točke ubojstva, može ići do strašenja ili ozljeđivanja druge osobe, ili druga zla djela kao što je zavjera protiv druge osobe ili ljudi.

Slijedeće je "pijanstvo". U Bibliji, postoji scena nakon suda poplave, gdje Noa pije vino, postane pijan i učini pogrešku. Noino pijanstvo je u konačnici uzrokovalo Noi kletvu na njegovog drugog sina, koji je izvukao njegovu slabost na otvoreno. Poslanica Efežanima 5:18 govori, "I ne opijajte se vinom, u kojemu je raspuštenost, nego se napunite Duhom". To znači da je pijanstvo grijeh.

Razlog zašto Biblija ima zapis ljudi koji piju vino je zbog toga što Izrael ima mnogo suhim dijelova divljine i voda je jako rijetka. Prema tome, alternativna pića od vina napravljena od čistog soka grožđa i drugih voćki sa visokim koncentratom šećera su bila dopuštena (Ponovljeni zakon 14:26). Međutim, ljudi Izraela su pili to vino umjesto vode; ali ne dovoljno da bi se napili od njega. Ali u našoj državi u današnje vrijeme, gdje ima obilja vode za piti, mi stvarno nemamo potrebu piti vino ili alkohol.

U Bibliji, mi možemo vidjeti da Bog nije namjeravao da vjernici piju snažno piće kao vino (Levitski zakonik 10:9; Poslanica Rimljanima 14:21). Mudre izreke 31:4-6 kažu: "Nije za kraljeve, Lemuele, ne pristaje kraljevima vino piti, ni glavarima piće opojno, da u piću ne zaborave zakona i prevrnu pravo nevoljnicima. Dajte žestoko piće onomu koji će propasti i vino čovjeku komu je gorčina u duši."

Ti možeš reći, "Nije li uredu piti samo dovoljno, ali ne dovoljno da bi se napio?" Ali čak i ako piješ samo malo, ti si postao "samo malo pijan". Ti ćeš svejedno postati pijan čak i ako je "samo malo". Kada se napiješ, gubiš samokontrolu, pa čak i ako si normalno mirna i blaga osoba, ti možeš postati nasilan kada si pijan. Postoje ljudi koji počnu pričati grubo i ponašati se grubo, te čak prouzrokovati scenu. Isto tako, jer pijanstvo uzrokuje manjak racionalnosti i diskrecije, neki ljudi mogu počiniti razne vrste grijeha. Jako je često vidjeti ljude kako upropaštavaju svoje zdravlje sa teškim opijanjem i ljudi koji su postali alkoholičari uzrokuju bol ne samo sebi, nego također svojim voljenima. Ali u mnogim slučajevima, iako ljudi znaju kako štetno pijenje može biti, jednom kad krenu, ne mogu stati i oni nastavljaju piti i uništavati svoje živote. Zbog toga je "pijanstvo" uvršteno na listu "radova tijela".

Nekoliko stvari pada pod kategoriju "pijančevanje". Ako je netko tako zadubljen u pijenje, igranje, kockanje i slično, da ne može izvršavati svoje odgovornosti kao glava domaćinstva, ili se brinuti za dijete kao roditelj, onda Bog to smatra kao "pijančevanje". Isto tako, nemati samo kontrolu i ganjati seksualna zadovoljstva i voditi nemoralni životni stil ili živjeti kako god želiš također pada pod "pijančevanje".

Još jedan problem u današnjem društvu je ljudska opsesija sa površnim luksuznim predmetima i brandovima koji im uzrokuju da postanu upleteni u pijančevanje. Ljudi kupuju dizajnerske torbe, odjeću, cipele, itd. koje ne mogu priuštiti koristeći svoje kreditne kartice i to vodi do velikog duga. Jer nemaju načina vratiti dug, neki ljudi čak počine zločine ili počine samoubojstvo. To je slučaj ljudi koji nemaju samokontrolu nad svojom pohlepom, proganjajući pijančevanje i onda moraju platiti posljedice.

6) I slično...

Bog nam govori da postoji mnogo drugih radova tijela osim onih koji su već spomenuti. Međutim, misleći, "Kako se ikad mogu riješiti svih tih grijeha?" ne bismo trebali odustati na početku. Čak i ako imaš mnogo grijeha, ako imaš snažno opredjeljenje u svojem srcu i snažno se trudiš, ti se zasigurno možeš riješiti tih grijeha. Dok pokušavaš ne počiniti radove tijela, ako radiš teško čineći dobra djela i stalno se moliš ti ćeš primiti milost Boga i dobiti ćeš moć pretvoriti se. To može biti nemoguće sa ljudskom moći; ali sve je moguće sa Božjom moći (Po Marku 10:27).

Što će se dogoditi ako ti živiš kao svjetovni ljudi usred grijeha i pijančevanja iako si čuo i znaš da ne možeš naslijediti kraljevstvo Boga ako nastaviš činiti radove tijela? Onda si ti čovjek tijela, prvenstveno "pljeva" i ti ne možeš primiti spasenje. 1. poslanica Korinćanima 15:50 kaže, "A ovo, braćo, tvrdim: tijelo i krv ne mogu baštiniti kraljevstva Božjega i raspadljivost ne baštini neraspadljivosti." Isto tako 1. Ivanova poslanica 3:8 govori, "Tko čini grijeh, od đavla je jer đavao griješi od početka.

Mi se moramo sjetiti da ako počinimo radove tijela i zid grijeha između Boga i nas nastavi rasti, onda mi ne možemo susresti Boga, primiti odgovore na naše molitve ili naslijediti kraljevstvo Boga, prvenstveno Nebo.

Međutim, samo zato što si ti prihvatio Isusa Krista i primio Duh Sveti, ne znači da ti možeš odrezati sve radove tijela odjednom. Ali uz pomoć Duha Svetog, ti se trebaš truditi živjeti životom svetosti i moliti se sa vatrom Duha Svetog. Onda ti možeš odbaciti radove tijela jedno po jedno. Čak i ako još uvijek imaš nekoliko radova tijela koje nisi uspio odbaciti još uvijek, ako se trudiš najbolje što možeš, Bog te neće zvati čovjekom tijela, nego će te On zvati Svojim djetetom koji postaje pravedan sa vjerom i On će te voditi do spasenja.

Ali to ne znači da bi ti trebao ostati na nivou nastavljanja počinjenja djela tijela. Ti se trebaš truditi ne samo odbaciti radove tijela koji su izvana vidljivi, nego bi ti također trebao odbaciti stvari tijela koje nisu izvana vidljive. U vrijeme Starog Zavjeta, bilo je teško odbaciti stvari tijela jer Duh Sveti još uvijek nije došao i oni su to morali činiti sa svojom snagom. Međutim, sada u Novom Zavjetu, mi možemo odbaciti stvari tijela uz pomoć Duha Svetog i postati posvećeni.

To je zbog toga što nam je Isus Krist oprostio sve naše grijehe prolijevajući Svoju krv na križu i poslao nam je Duha Svetog, Pomagača. Prema tome ja se molim da ćeš ti primiti pomoć Duha Svetog i odbaciti sve radove tijela i stvari tijela i postati prepoznat kao pravo dijete Boga.

Poglavlje 4

"Prema tome rađaj plod udržanju sa pokajanjem"

"Grnuo k njemu Jeruzalem, sva Judeja i sva okolica jordanska. Primali su od njega krštenje u rijeci Jordanu ispovijedajući svoje grijehe. Kad ugleda mnoge farizeje i saduceje gdje mu dolaze na krštenje, reče im: 'Leglo gujinje! Tko li vas je samo upozorio da bježite od skore srdžbe? Donosite dakle plod dostojan obraćenja.I ne usudite se govoriti u sebi: 'Imamo oca Abrahama!' Jer, kažem vam, Bog iz ovoga kamenja može podići djecu Abrahamovu. Već je sjekira položena na korijen stablima. Svako dakle stablo koje ne donosi dobroga roda, siječe se i u oganj baca.'"
(Po Mateju 3:5-10)

Ivan je bio prorok koji je rođen prije Isusa i koji je učinio put ravnim za Gospoda. Ivan je znao svoju svrhu u životu. Pa, kada je vrijeme došlo, on je marljivo širio vijesti o Isusu, nadolazećem Mesiji. U to vrijeme, Židovski ljudi su čekali Mesiju koji će spasiti njihovu naciju. Zato je Ivan vikao u divljini Judeje, "Obratite se jer približilo se kraljevstvo nebesko!" (Po Mateju 3:2). I oni koji su se pokajali od svojih grijeha, on je krstio sa vodom i vodio ih do prihvaćanja Isusa kao njihovog Spasitelja.

Po Mateju 3:11-12 kaže, "Ja vas, istina, krstim vodom na obraćenje, ali onaj koji za mnom dolazi jači je od mene. Ja nisam dostojan obuće mu nositi. On će vas krstiti Duhom Svetim i ognjem. U ruci mu vijača, pročistit će svoje gumno i skupiti žito u svoju žitnicu, a pljevu spaliti ognjem neugasivim." Ivan je govorio ljudima prije da je Isus, Sin Boga koji će doći na ovaj svijet, naš Spasitelj i da će u konačnici biti naš Sudac.

Kada je Ivan vidio mnoge farizeje i saducejce kako se dolaze krstiti, on ih je nazvao "leglo gujinje" i izgrdio ih je. On je to učinio zbog toga što ako ne rode ispravan plod pokajanja, oni ne mogu primiti spasenje. Pa, pogledamo sada pobliže na Ivanov prekor da bismo vidjeli točno kakvu vrstu ploda moramo roditi da bismo primili spasenje.

Leglo gujinje

I farizeji i saducejci su bili grane Judaizma. Farizeji su se hvalili da su oni "ostavljeni sa strane". Oni su vjerovali u uskrsnuće pravednih i sud opakih; oni su strogo poštovali Zakon Mojsija i tradicije starješina. Prema tome njihov status u društvu je bio značajan.

U drugu ruku, saducejci su bili aristokratski svećenici koji su bili prvenstveno zainteresiranu u hramove i njihovi pogledi i običaji su bili drugačiji od onih farizeja. Oni su održavali političku situaciju pod Rimskom upravom i oni su odbijali vjerovati u uskrsnuće, vječnu prirodu duša, anđele i duhovne stvari. Oni su čak gledali Božje kraljevstvo kao privremeno.

Po Mateju 3:7, Ivan Krstitelj je došao do farizeja i saducejaca govoreći, "Leglo gujinje! Tko li vas je samo upozorio da bježite od skore srdžbe?" Što misliš zašto ih je Ivan nazvao "leglo gujinje", kada se oni smatraju da vjeruju u Boga?

Farizeji i saducejci su tvrdili da vjeruju u Boga i oni su učili Zakon. Međutim, oni nisu priznavali Božjeg Sina, Isusa. Zbog toga po Mateju 16:1-4 kaže, "Pristupe k njemu farizeji i saduceji. Iskušavajući ga, zatraže da im pokaže kakav znak s neba. On im odgovori: 'Uvečer govorite: 'Bit će vedro, nebo se žari.' A ujutro: 'Danas će nevrijeme, nebo se tamno zacrvenjelo.' Lice neba znadete rasuditi, a znakove vremena ne znate. Naraštaj opak i preljubnički znak traži, ali mu se znak neće dati doli znak Jonin.' Tada ih ostavi i ode."

Isto tako, po Mateju 9:32-34 piše, "Tek što oni iziđoše, gle, doniješe mu njemaka opsjednuta. Pošto izagna đavla, progovori njemak. Mnoštvo se čudom čudilo i govorilo: 'Nikada se takvo što ne vidje u Izraelu!' A farizeji govorahu: 'Po poglavici đavolskome izgoni đavle.'" Dobra osoba bi se radovala i davala slavu Bogu, pošto je Isus istjerao demona. Ali farizeji su radije mrzili Isusa, te su Ga sudili i osuđivali, govoreći da On čini rad vraga.

Po Mateju poglavlje 12, mi nailazimo na scenu gdje ljudi pokušavaju pronaći neki razlog da optuže Isusa, pitajući Ga da li je ili nije ispravno ozdraviti nekog na Šabat. Znajući njihove namjere, Isus im je dao ilustraciju o ovci koja je pala u jamu na Šabat da bi ih naučio da je ispravo vršiti dobar rad na Šabat. Onda je On ozdravio čovjeka čija se ruka osušila. Međutim, umjesto da nauče iz tog događaja, oni su urotili da bi se riješili Isusa. Jer je Isus činio stvari koje oni ne mogu učiniti, oni su bili ljubomorni na Njega.

1. Ivanova poslanica 3:9-10 kaže, "Svaki, koji je rođen od Boga, ne čini grijeha, jer njegovo sjeme ostaje u njemu, i ne može griješiti, jer je rođen od Boga. Po ovom se raspoznaju djeca Božja i djeca đavolska: tko god ne čini pravde i tko ne ljubi brata, nije od Boga." To znači da osoba koja počini grijehe nije od Boga.

Farizeji i saducejci su tvrdili da vjeruju Boga, a ipak su bili puni zla. Oni su činili stvari tijela, kao što je ljubomora, mržnja, ponos, te suđenje i osuđivanje. Oni su također počinili druge radove tijela. Oni su progonili samo propise i formalnost Zakona i tražili su svjetovnu čast. Oni su bili pod utjecajem Sotone, stare zmije (Otkrivenje 12:9); pa kad ih je Ivan Krstitelj nazvao "leglo gujinje", na to je mislio.

Prema tome rađaj plod u držanju sa pokajanjem

Ako smo mi djeca Božja, mi bismo trebali biti u svjetlu jer je Bog Svijetlo (1. Ivanova poslanica 1:5). Ako smo u tami, koja je suprotna Svijetlu, mi nismo djeca Božja. Ako ne djelujemo u pravednosti, što je Riječ Božja, ili ako ne volimo našu braću u vjeri, mi nismo Božji (1. Ivanova poslanica 3:10). Takve osobe ne mogu primiti odgovore na svoje molitve. Oni ne mogu primiti spasenje, a kamo li iskusiti rad Boga.

Po Ivanu 8:44 kaže, "Vi imate đavla za oca i hoćete da činite po željama oca svojega. On bijaše čovjekoubojica od početka i ne stajaše u istini jer nema istine u njemu: kad govori laž, od svojega govori jer je lažac i otac laži."

Zbog Adamovog neposluha, svo čovječanstvo je rođeno kao djeca neprijatelja vraga, koji je vladar tame. Samo oni koji prime oprost kroz vjeru u Isusa Krista su ponovno rođeni kao Božja djeca. Međutim, ako ti tvrdiš da vjeruješ u Isusa Krista, a ipak dopustiš da tvoje srce bude puno grijeha i zla, onda se ne možeš nazivati pravo dijete Boga.

Ako želimo postati djeca Boga i primiti spasenje, mi se moramo brzo pokajati od svih naših radova tijela i stvari tijela, te rađati ispravne plodove pokajanja djelujući prema željama Duha Svetog.

Nemoj pretpostaviti da je Abraham tvoj otac

Nakon što je proglasio farizejima i saducejcima da rađaju plodove u držanju sa pokajanjem, Ivan Krstitelj je nastavio govoriti, "I ne usudite se govoriti u sebi: 'Imamo oca Abrahama!' Jer, kažem vam, Bog iz ovoga kamenja može podići djecu Abrahamovu"(Po Mateju 3:9).

Prema tome, koje je duhovno značenje ovog stiha? Abrahamov potomak bi trebao sličiti Abrahamu. Ali za razliku od Abrahama, oca vjere i čovjeka pravednosti, farizeji i saducejci su bili puni bezakonja i nepravednosti u svojim srcima. Dok su činili zla djela i slušali vraga, oni su se smatrali djecom Boga. Zbog toga ih je Ivan prekorio uspoređujući ih sa Abrahamom. Bog gleda centar čovjekovog srca, a ne vanjski izgled (1. Samuelova 16:7).

Poslanica Rimljanima 9:6-8 kaže, "Ali ne kao da se izjalovila riječ Božja. Jer nisu Izrael svi koji potječu od Izraela; i nisu svi djeca Abrahamova zato što su njegovo potomstvo, nego po Izaku će ti se nazivati potomstvo; to jest: djeca tijela nisu i djeca Božja, nego - djeca obećanja računaju se u potomstvo."

Otac Abraham je imao mnogo sinova; međutim, samo potomci Izaka su postali Abrahamovi pravi potomci- potomci obećanja. Farizeji i saducejci su bili Izraelci po krvi, ali za razliku od Abrahama, oni nisu držali Božju Riječ. Pa duhovno govoreći, oni nisu mogli biti priznati kao prava djeca Abrahama.

Na isti način, samo zato što je netko prihvatio Isusa Krista i pohađa crkvu ne znači da je on automatski postao dijete Boga. Dijete Boga se odnosi na osobu koja je primila spasenje kroz vjeru. Nadalje, imati vjeru ne znači samo slušati Riječ Boga. To znači staviti je u djela. Ako, sa našim usnama mi ispovijedamo da smo Njegovo dijete, a ipak naša srca su puna nepravednosti koju Bog prezire, mi se ne možemo zvati dijete Boga.

Ako Bog želi djecu koja djeluju iz zla, kao farizeji i saducejci, On bi izabrao beživotni kamen koji se valja po zemlji kao Svoje dijete. Ali to nije Božja volja.

Bog je želio pravu djecu sa kojom On može podijeliti Svoju ljubav. On je želio djecu kao Abraham, koji su voljeli Boga, potpuno slušali Njegove riječi, koji su djelovali iz ljubavi i dobrote svo vrijeme. To je zbog toga što ljudi koji ne odbace zlo iz svojih srca ne mogu donijeti pravu radost Bogu. Ako živimo kao farizeji i saducejci, slijedeći vražju volju umjesto Božju volju, onda Bog nema potrebe stavljati toliko truda u stvaranje čovjeka i njegovu kultivaciju. On je tako mogao uzeti kamenje i pretvoriti ih u Abrahamove potomke!

"Svako stablo koje ne rađa dobrim plodom siječe se i u oganj baca"

Ivan Krstitelj je rekao farizejima i saducejcima, "Već je sjekira položena na korijen stablima. Svako dakle stablo koje ne donosi dobroga roda, siječe se i u oganj baca" (Po Mateju 3:10). Ono na što Ivan ovdje misli je, zbog toga što je Božja Riječ objavljena, svakome će biti suđeno prema njegovim djelima. Prema tome, svako drvo koje ne rađa dobre plodove- kao farizeji i saducejci- će biti bačeno u vatre Pakla.

Po Mateju 7:17-21, Isus kaže, "Tako svako dobro stablo rađa dobrim plodovima, a nevaljalo stablo rađa plodovima zlim. Ne može dobro stablo donijeti zlih plodova niti nevaljalo stablo dobrih plodova. Svako stablo koje ne rađa dobrim plodom siječe se i u oganj baca. Dakle: po plodovima ćete ih njihovim prepoznati. Neće u kraljevstvo nebesko ući svaki koji mi govori: 'Gospodine, Gospodine!', nego onaj koji vrši volju Oca mojega, koji je na nebesima."

Isus je također rekao po Ivanu 15:5-6, "Ja sam trs, vi loze. Tko ostaje u meni i ja u njemu, taj donosi mnogo roda. Uistinu, bez mene ne možete učiniti ništa. Ako tko ne ostane u meni, izbace ga kao lozu i usahne. Takve onda skupe i bace u oganj te gore." To znači da će djeca Boga koja djeluju prema Njegovo volji i rađaju prekrasne plodove ući na Nebo, ali oni ljudi koji to ne čine su djeca vraga i biti će bačeni u vatre Pakla.

Kada Biblija govori o Paklu, često se koristi riječ "vatra". Otkrivenje 21:8 govori, "A strašljivima, i nevjernima i nečistima, i ubojicama i bludnicima, i vračarima i idolopoklonicima i svima lašcima, njima je dio u jezeru, što gori ognjem i sumporom. To je smrt druga." Prva smrt je kada osobin fizički život završi, a druga smrt je kada duša, ili gospodar osobe, primi sud i padne u vječnu vatru Pakla koja nikad ne umire.

Pakao je sačinjen od jezera vatre i jezera gorućeg sumpora. Ti ljudi koji ne vjeruju u Boga i oni koji tvrde da vjeruju Njega ali prakticiraju nepravednost i ne rađaju plodove pokajanja nemaju ništa sa Bogom; prema tome oni će ići u jezero vatre u Paklu. Sad oni ljudi koji su učinili nešto tako zlo da je ljudski nezamislivo, ili se protive Bogu na ozbiljan način, ili djelu kao lažni proroci i uzrokuju da mnogi ljudi idu u Pakao će ići u jezero gorućeg sumpora, koji je sedam puta vrući od jezera vatre (Otkrivenje 19:20).

Neki tvrde da jednom kad primiš Duh Sveti i tvoje ime je zapisano u Knjizi Života, ti ćeš biti spašen bez obzira na sve. Ali to nije istina. Otkrivenje 3:1 kaže, "Znam tvoja djela; imaš ime, da si živ, a mrtav si." Otkrivenje 3:5 kaže, "Tako će pobjednik biti odjeven u bijele haljine i neću izbrisati imena njegova iz knjige života i priznat ću ime njegovo pred Ocem svojim i anđelima njegovim." "Imaš ime da živiš" se odnosi na one koji prihvate Isusa Krista i imaju svoje ime zapisano u Knjizi života. Međutim, ovaj stih pokazuje da usprkos tome, ako osoba griješi i ide putem smrti, njeno ime će biti izbrisano iz knjige.

U Izlasku 32:32-33, mi vidimo scenu gdje je Bog ljut na Izraelce i na rubu je njihovog uništenja jer su slavili idole. U to vrijeme, Mojsije posreduje u korist sinova Izraela pitajući Boga da im oprosti- čak i ako to znači da će njegovo ime biti izbrisano iz Knjige Života. I na to, Bog je rekao, "Onoga koji je protiv mene sagriješio izbrisat ću iz svoje knjige" (Izlazak 32:33). To znači da ako je tvoje ime zapisano u knjigi, može biti obrisano ako se udaljiš od Boga.

Zapravo postoje brojna mjesta kroz Bibliju koja govore o odvajanju pšenice i pljeve među vjernicima. Po Mateju 3:12 govori, "Vijačom u ruci on će očistiti gumno svoje; skupit će pšenicu u svoju žitnicu, a pljevu će spaliti ognjem neugasivim." Isto tako po Mateju 13:49-50 kaže, "Tako će biti na svršetku svijeta. Izići će anđeli, odijeliti zle od pravednih i baciti ih u peć ognjenu, gdje će biti plač i škrgut zubi."

Ovdje "pravedni" se odnosi na vjernike, a "opaki među pravednima" se odnosi na one koji tvrde da su vjernici ali su kao pljeva, imaju mrtvu vjeru, koja je, vjera bez dijela. Ti ljudi će biti bačeni u vatre Pakla.

Plod u držanju sa pokajanjem

Ivan Krstitelj je poticao ljude da se ne samo pokaju, nego u isto vrijeme da rađaju plodove u držanju sa pokajanjem. Onda što su plodovi u držanju sa pokajanjem? To su plodovi svjetla, plodovi Duha Svetog i plodovi ljubavi, koji su prekrasni plodovi istine.

Mi možemo pročitati o tome u Poslanici Galaćanima 5:22-23,

"Plod je pak Duha: ljubav, radost, mir, velikodušnost, uslužnost, dobrota, vjernost, blagost, uzdržljivost. Protiv tih nema zakona." Poslanica Efežanima 5:9 kaže, "Plod je svjetlosti svaka dobrota, pravednost i istina..." Među tima, pogledajmo u devet plodova Duha Svetog, koji su izvrsni predstavnici tih "dobrih plodova".

Prvi je plod ljubavi. 1. poslanica Korinćanima poglavlje 13. nam govori što je ljubav govoreći da "Ljubav je velikodušna, dobrostiva je ljubav, ne zavidi, ljubav se ne hvasta, ne nadima se; itd." (s. 4-5). Drugim riječima, prava ljubav je duhovna ljubav. Nadalje, ovaj tip ljubavi je žrtvujuća ljubav sa kojom osoba može dati čak i svoj život za Božje kraljevstvo i Njegovu pravednost. Osoba može dobiti tu vrstu ljubavi u mjeri u kojoj odbaci grijeh, zlo i bezakonje, te postane posvećena.

Drugi plod je radost. Ljudi koji imaju plod radosti mogu se radovati ne samo kada stvari dobro idu, nego oni imaju radost u svim okolnostima i situacijama. Oni se uvijek raduju usred nade za Nebo. Prema tome oni se ne brinu; i bez obzira kakav problem dođe na njihov put, oni se mole sa vjerom, prema tome primaju dogovore na svoje molitve. Jer oni vjeruju da je svemogući Bog njihov Otac, oni se mogu uvijek radovati, kontinuirano moliti i davati hvalu u svim okolnostima.

Mir je treći plod. Osoba koja ima taj plod ima srce koje se ne sudara sa nikim. Jer takva osoba nema mržnje, sklonosti prema borbi, svađanju ili sebičnost, ona može postaviti ostale prve, žrtvovati se za njih, služiti im i ponašati se prema njima sa dobrotom. Kao rezultat, oni mogu ostvariti mir svo vrijeme.

Četvrti plod je strpljivost. Rađati ovaj plod znači biti strpljiv u istini kroz shvaćanje i oprost. To ne znači "izgledati" strpljiv tako da samo gurajući bijes koji ključa iznutra. To znači odbaciti sva zla kao što su bijes i gnjev, te ispuniti se sa dobrotom i istinom umjesto toga. To znači moći razumjeti sve vrste ljudi i prigrliti ih. I, jer osoba koja rađa ovaj plod nema negativnih emocija, uopće nema potrebe za riječima kao "oprost" i "biti strpljiv". Ne samo da se ovaj plod odnosi na veze sa ljudima, nego on također znači biti strpljiv sa samim sobom dok odbacujemo zlo iz našeg srca i strpljivo čekamo dok molitve i peticije koje smo uzdigli Bogu ne budu odgovorene.

Peti plod, ljubaznost, znači shvaćati nešto ili nekoga kada je to nemoguće shvatiti. Ta ljubaznost je također oprostiti kada je nemoguće oprostiti. Ako imaš sebične misli ili se osjećaš da si upravu svo vrijeme, ti ne možeš roditi plod milosti. Samo kada odbaciš sebe, prigrliš sve stvari sa širokim srcem i pogledaš na druge ljude sa ljubavi, ti stvarno možeš shvatiti i oprostiti.

Šesti plod je dobrota. To znači oponašati srce Krista: srce koje se nikad ne svađa ili postaje razmetljivo; ne kida slomljenu trsku niti gasi tinjajući fitilj. To je pravo srce koje, nakon što odbaci sve grijehe, uvijek traži dobrotu u Duhu Svetom.

Sedmi plod je vjernost. To znači biti vjeran do točke smrti-kada dođe do borbe protiv grijeha i izbacivanja, da bismo ostvarili istinu u svojem srcu. To također znači biti odan i vjeran kada dođe do ispunjenja dužnosti u crkvi, kući, na poslu ili kakve god dužnosti postoje. To znači biti vjeran u cijelom Božjem domaćinstvu.

Osmi plod je blagost. Imati plod blagosti znači imati srce koje je nježno kao pamuk, koje omogućuje osobi prigrliti sve tipove ljudi. Ako ti ostvariš blago srce, bez obzira tko dođe i pokuša te uvrijediti, ti nećeš biti uvrijeđen ili povrijeđen. Baš kao kad netko baci kamen u veliki komad pamuka i on samo prigli kamen i prekrije ga, ako ti rodiš plod blagosti, ti ćeš prigrliti i biti sjena za mnoge ljudi koji dođu tražiti mjesto odmora.

Posljednje, ako rodiš plod samokontrole, ti ćeš uživati u stabilnosti u svim dijelovima svojeg života. I u životu sa redom, ti možeš rađati sve ispravne vrste plodova u ispravno vrijeme. Stoga, ti možeš uživati u prekrasnom i blagoslovljenom životu.

Jer Bog želi da mi imamo takva prekrasna srca, On je rekao po Mateju 5:14, "Vi ste svjetlost svijeta," i u stihu 16, "... neka svijetli vaša svjetlost pred ljudima da vide vaša dobra djela i slave Oca vašega koji je na nebesima." Ako možemo roditi plodove

Svijetla koji su u skladu sa pokajanjem sa stvarnim postojanjem u Svijetlu, onda sva dobrota, pravednost i istina će se prelijevati u našim životima (Poslanica Efežanima 5:9).

Ljudi koji rađaju plodove u držanju sa pokajanjem

Kada se mi pokajemo od naših grijeha i rađamo plod u držanju sa pokajanjem, onda Bog to priznaje kao vjeru i blagoslivlja nas sa odgovorima na molitve. Bog daje milost kada se mi pokajemo iz dubine našeg srca.

Tijekom vremena njegovog iskušenja, Job je otkrio zlo u svojem srcu i pokajao se u prašini i pepelu. U to vrijeme, Bog je ozdravio sve bolne čireve na njegovom tijelu i blagoslovio ga sa dvostrukim bogatstvom kojeg je prije imao. On ga je također blagoslovio sa djecom još ljepšom od onih koje je ranije imao (Job poglavlje 42). Kada je Jona pokajao dok je bio zarobljen u stomaku velike ribe, Bog ga je spasio. Ljudi Ninive su postili i pokajali se nakon što su primili upozorenje o Božjem bijesu koji će doći na njih zbog njihovih grijeha i Bog im je oprostio (Jona poglavlja 2-3). Ezekiji, 13. kralju južnog kraljevstva Judeje, Bog je rekao, "Umrijet ćeš, nećeš ozdraviti." Međutim, kada je on zavapio u pokajanju, Bog je produžio njegov život za 15 godina (2. Kraljevima poglavlje 20).

Na ovaj način iako je osoba počinila zla djela, ako se on ili ona pokaju iz centra svojeg srca i stvarno se okrenu od zla,

Bog prihvaća to pokajanje. Bog spašava Svoje ljude, kao što je zapisano u Psalmu 103:12, "Kako je istok daleko od zapada, tako udaljuje od nas bezakonja naša."

U 2. Kraljevima poglavlje 4, mi vidimo jednu istaknutu ženu iz Šunama koja vjerno služi proroka Elizeja sa svojom gostoljubivosti. Iako ona nije pitala, ona je primila sina, za kojim je jako dugo žudila. Ona nije služila da bi primila blagoslove, ali ona je služila Elizeja jer je voljela i brinula se za Božjeg slugu. Bog je zadovoljan sa njenim dobrim djelom i blagoslovio ju sa blagoslovom začeća.

Isto tako, u Djelima apostolskim poglavlje 9, mi vidimo Tabitu, učenicu koja je obilno vršila djela dobrote i milosrđa. Kada je ona postala bolesna i umrla, Bog je koristio Petra da bi ju vratio u život. Onoj voljenoj djeci koja rađaju prekrasne plodove, Bog želi učiniti tako mnogo da bi odgovorio na njihove molitve, te im daje Svoju milost i blagoslove.

Prema tome, mi moramo jasno znati Božju volju i rađati plodove držeći se pokajanja. Onda bismo trebali imitirati srce našeg Gospoda i prakticirati pravednosti. Razmišljajući o sebi nad Riječi Boga, ako bilo koji dio tvojeg života nije u skladu sa Riječi Boga, ja se molim da ćeš se ti okrenuti nazad prema Njemu, prema tome rađati plodove Duha Svetog, plodove Svijetla, tako da ti možeš primiti odgovore na sve svoje molitve.

Napomena

Razlika između grijeha i zla

"Grijeh" je bilo koje djelo koje nije popraćeno sa vjerom. To je ne činiti ispravnu stvar dok znaš što je ispravno za učiniti. U širem pogledu, sve što nema ništa sa vjerom je grijeh; prema tome, ne vjerovati u Isusa Krista je najveći grijeh.

"Zlo" je sve što nije sukladno kada gledamo na Riječ Boga, to jest, sve suprotno istini. To su grešne naravi koje borave u srcu. Prema tome, grijeh je određen, vanjski izraz, ili vidljivi oblik zla unutar srca osobe. Zlo je nevidljivo u prirodi; prema tome grijeh je uspostavljen kao rezultat zla u srcu osobe.

Što je dobrota?

U rječniku, dobrota je "stanje ili kvaliteta biti dobar, moralna izvrsnost, vrlina". Međutim, u ovisnosti o savjesti svake osobe, standard dobrote se može razlikovati. Prema tome apsolutni standard za dobrotu se mora pronaći u Riječi Boga koja je sama dobrota. Prema tome, dobrota je istina, prvenstveno Božja Riječ. To je Njegova sama volja i misao.

Poglavlje 5

"Mrzi što je zlo; Drži se onoga što je dobro."

"Ljubav nehinjena!
Zazirite oda zla,
prianjajte uz dobro!"
(Poslanica Rimljanima 12:9)

U današnje vrijeme mi možemo vidjeti kako zlo postoji u vezama između roditelja i njihove djece, među supružnicima, među braćom i sestrama, te među susjedima. Ljudi tuže jedni druge zbog nasljedstva i u nekim slučajevima, izdaju jedni druge samo zbog svoje koristi. To ne samo da uzrokuje da se drugi mršte na njih; nego također donosi veliku patnju na njih same. Zato je Bog rekao, "Svake se sjene zla klonite" (1. poslanica Solunjanima 5:22).

Svijet naziva osobu "dobrom" kada je ona moralno ispravna i savjesna. Međutim, postoje mnogi slučajevi gdje "dobar" moral i savjest osobe nije tako dobar kada se gleda sa Riječ Boga. Nadalje, postoje vremena kada oni zapravo idu protiv same volje Boga.

Jedna istina koju ovdje moramo zapamtiti je, Riječ Boga- i samo Njegova Riječ- je apsolutni standard za "dobrotu". Prema tome, sve što nije potpuno prema Riječi Boga je zlo.

Onda kako su grijeh i zlo različiti? Te dvije stvari se čine iste, ali su različite. Na primjer, ako koristimo stablo kao ilustraciju, zlo je kao korijenje koje je pod zemljom i nevidljivo, dok je grijeh kao vidljivi dio stabla, a to su grane, lišće i plodovi. Baš kao što drvo može živjeti zbog svojeg korijenja, grijeh osobe živi zbog zla u njoj. Zlo je jedno od priroda unutar srca osobe i to obuhvaća sve osobine i uvjete koji su suprotni Bogu. Kada to zlo preuzme izraziti oblik kao misao ili djelo onda se to naziva "grijeh".

Kako je zlo prikazano kao grijeh

Po Luki 6:45 kaže, "Dobar čovjek iz dobra blaga srca svojega iznosi dobro; a zao čovjek iz zla blaga iznosi zlo, jer čega je srce puno, o tom govore usta". Ako "mržnja" postoji u srcu, ona izlazi u obliku "sarkastičnih izraza", "oštrih riječi", ili drugih takvih specifičnih grijeha. Da bismo vidjeli kako zlo koje je u srcu izlazi u oblik zla, pogledajmo pobliže na Davida i Judu Iškariota.

Jednu noć, kralj David je hodao po krovovima svoje palače i on je vidio ženu kako se kupa i pao je u iskušenje. On ju je pozvao i počinio preljub sa njom. Ta žena je bila Bat-Šeba i u to vrijeme, njen suprug, Urija, nije bio tamo jer je otišao u rat. Kada je David saznao da je Bat-Šeba trudna, on je skovao zavjeru da bi ubio Urija na bojištu i uzeo je Bat-Šebu kao svoju ženu.

Naravno, David je samo postavio Urija u prve redove u ratu- nije ga zapravo ubio- i u to vrijeme, kao kralj, David je imao svaku moć i autoritet sa kojom može imati žena koliko god je želio. Međutim, u srcu, on je imao jasnu namjeru da Urij umre. Na ovaj način, ako ti imaš zlo u nekom dijelu svojeg srca, ti možeš griješiti u bilo koje vrijeme.

Kao posljedicu za taj grijeh, sin koje je David imao sa Bat-Šebom je umro; a drugi sin, Absalom, ga je na kraju izdao i počinio izdaju protiv njega. Kao rezultat, David je morao pobjeći i Absalom je počinio gnjusno djelo spavanja sa očevom konkubinom ispred svojih ljudi usred bijela dana. Zbog tog događaja, mnogi ljudi u kraljevstvu su umrli, uključujući Absaloma. Grijeh preljuba i ubojstva je doveo veliko iskušenje za Davida i njegove ljude.

Juda Iškariot, jedan od Isusovih dvanaest učenika, je glavni primjer izdajnika. Tijekom 3 godine koje je on proveo sa Isusom, on je vidio sve vrste čuda koja se mogu dogoditi sa Božjom moći. On se brinuo za novac među učenicima i on je imao poteškoće sa izbacivanjem pohlepe iz svojeg srca, te je s vremena na vrijeme on uzimao novac iz novčanika i koristio ga za svoje potrebe. U konačnici, njegova pohlepa je uzrokovala da izda svojeg učitelja i njegova krivnja je uzrokovala da se objesi.

Pa ako ima zla u tvojem srcu, ti nikad ne znaš u kojem će obliku ili formi to zlo izaći. Čak i ako je to mali oblik zla, ako naraste, Sotona može raditi kroz to da bi te otjerao u grijeh gdje ti sam to ne možeš izbjeći. Ti možeš završiti izdajući drugu osobu, ili čak Boga. Ta vrsta zla donosi bol i patnju tebi i ljudima oko tebe. To je razlog zašto moraš mrziti što je zlo i odbaciti čak i najmanji oblik zla. Ako mrziš što je zlo, ti ćeš se prirodno udaljavati od tog zla, nećeš misliti o tome i to nećeš izvršavati. Ti ćeš činiti samo dobro. Zato Bog kaže da mrzimo što je zlo.

Razlog zašto bolesti, testovi, sudovi i iskušenja dolaze na nas je zbog toga što mi činimo radove tijela dozvoljavajući da zlo u našim srcima izrazi izvana kao grijeh. Ako ne kontroliramo naša srca i počinimo radove tijela, mi nismo drugačiji od životinja u Božjim očima. Ako je to slučaj, biti će Božjeg bijesa i On će nas izgrditi, tako da mi možemo ponovno biti kao ljudi, a ne kao životinje.

Odbaciti zlo i postati osoba dobrote

Sudovi i iskušenja ne dolazi samo zbog misli neistine ili stvari tijela koje postoje u srcu. Ali misli se mogu razviti u radove tijela (grešna djela) u bilo koje vrijeme i prema tome mi se moramo riješiti stvari tijela.

Iznad svega, ako netko ne vjeruje u Boga čak i nakon što vidi djela koja je On prikazao, to je zlo nad zlima. Po Mateju 11:20-24, Isus odbacuje gradove u kojima su većina Njegovih čuda prikazana, jer se oni nisu pokajali. Korozaini i Besaidi, Isus je rekao, "Jao tebi," i On je upozorio, "Tiru i Sidonu bit će na Dan sudnji lakše negoli vama." I Kafarnaumu On je rekao, "Zemlji će sodomskoj biti na Dan sudnji lakše nego tebi."

Tir i Sidon se odnose na nevjerničke gradove. Betsaida i Korozain su Izraelski gradovi sjeverno od Galilejskog mora. Betsaida je također poznata kao grad trojice učenika: Petra, Andrije i Filipa. Tu je Isus otvorio oči slijepom čovjeku i gdje je On prikazao veliko čudo sa dvije ribice i pet kruhova sa kojima je On nahranio 5000 muškaraca. Pošto su oni posvjedočili čudima koja im daju više nego dovoljno dokaza da vjeruju u Isusa, oni bi trebali slijediti, pokajati se i odbaciti zlo iz svojih srca prema

Njegovim učenjima. Ali, oni to nisu učinili. Zbog toga su prekoreni.

Isto vrijedi i za danas. Ako osoba posvjedoči znamenju i čudima koja prikazuje čovjek Boga i on ili ona svejedno ne vjeruju Boga, nego umjesto toga sude i osuđuju situaciju ili osobu Boga, onda osoba prikazuje dokaze da postoji zlo u njenom srcu. Onda, zašto ljudi ne mogu vjerovati? To je zbog toga što oni moraju podčiniti i odbaciti stvari tijela, ali oni to ne čine. Umjesto toga oni čine radove tijela i počinjavaju grijehe. Što više oni grijeha počine, to više otvrdnuto i očvrsnuto njihovo srce postaje. Njihova savjest postaje neosjetljiva i u konačnici spržena kao sa vrućim željezom.

Iako im Bog prikazuje čuda da bi oni vidjeli, takvi ljudi ne mogu dobiti razumijevanje i vjerovati. Pošto nema razumijevanja, oni se ne mogu pokajati i jer se ne mogu pokajati, oni ne mogu prihvatiti Isusa Krista. To je kao osoba koja krade. Na početku, osoba se boji krasti čak i malu stvar; ali nakon ponavljanja djela nekoliko puta, ona ne osjeti ugriz savjesti nakon što ukrade veliku stvar, jer je njeno srce postalo otvrdnuto kroz proces.

Ako mi volimo Boga, jedino je ispravno mrziti zlo i držati se dobroga. Da bismo to činili, mi prvo moramo stati činiti sve radove tijela i također odbaciti sve stvari tijela iz našeg srca.

I kada smo mi u procesu odbacivanja grijeha i zla, mi možemo sagraditi vezu sa Bogom i primiti Njegovu ljubav (1. Ivanova poslanica 1:7; 3:9). Naša lica će uvijek reflektirati prelijevajuću radost i zahvalnost, mi uvijek možemo primiti ozdravljenje od bilo koje vrste bolesti i mi možemo primiti riješenje bilo kojeg problema kojeg možemo imati u našim obiteljima, poslu, tvrtci, itd.

Zla i preljubnička generacija koja žudi za znamenjem

Po Mateju 12:38-39 mi vidimo kako neki pismoznanci i farizeji zahtijevaju da im Isus prikaže znamen. Isus im je rekao da zla i preljubnička generacija žudi vidjeti znamen. Na primjer, postoje ljudi koji kažu, "Ako mi pokažeš Boga, ja ću vjerovati," ili "Ako vratiš mrtvu osobu u život ja ću vjerovati." Ti ljudi to ne govore sa nevinim srce koje iskreno žudi vjerovati. Oni to govore iz sumnje.

Pa ova tendencija ne vjerovanja u istinu, ili naklonost progonu ili sumnje u nekog tko je bolji od njih samih, ili želja za odbacivanjem svega što se ne slaže sa njihovim mišljenjem ili pogledima, sve to dolazi od duhovne preljubničke prirode. Dok odbijaju vjerovati, ljudi koji zahtijevaju vidjeti znamen kuju zavjeru i pokušavaju iskopati neku manu u Isusu- da bi Ga zabranili i osudili.

Što više samopravednosti, arogancije i sebičnosti ljudi imaju, to više preljubnička generacija postaje. Kako civilizacija postaje sve više razvijena kao danas, to više ljudi zahtijevaju vidjeti znamen. Međutim, postoje ljudi koji vide znamenje, a ipak ne vjeruju! Nije čudno što je ova generacija prekorena zbog toga što je zla i preljubnička generacija!

Ako mrziš zlo, ti nećeš prakticirati zlo. Ako izmet padne na tvoje tijelo, ti ćeš ga oprati. Grijeh i zlo, koje uništavaju dušu i vuku je na put smrti, je još prljavije, smrdljivije i ružnije od izmeta. Mi ne možemo usporediti prljavost grijeha sa izmetom.

Onda kakve točno tipove zla bismo trebali mrziti? Po Mateju poglavlje 23, Isus podsjeća pismoznance i farizeje govoreći, "Jao vama..." On koristi izraz "Jao vama" sa kojim naglašava da oni neće primiti spasenje. I mi ćemo podijeliti razloge u sedam kategorija i prostudirati ih u detalje.

Oblici zla koje bismo trebali mrziti

1. Zatvarati vrata Neba tako da drugi ljudi ne mogu ući

Po Mateju 23:13, Isus kaže, "Jao vama, pismoznanci i farizeji! Licemjeri! Zaključavate kraljevstvo nebesko pred ljudima; sami ne ulazite, a ne date ući ni onima koji bi htjeli."

Pismoznanci i farizeji su znali i zapisivali Božje riječi i djelovali su kao da drže Božje riječi. Ali njihova srca su bila otvrdnuta i oni su vršili Božji rad površno- stoga, oni su prekoreni. Iako su imali formalnost svetosti, njihova srca su bila puna bezakonja i zla. Kada su oni vidjeli kako Isus prikazuje čuda koja su bila ljudski nemoguća, umjesto da Ga prepoznaju tko je i vesele se, oni su smišljali sve vrste planova da bi Mu se protivili. Oni su čak predvodili u planu za Njegovu smrt.

To je isto i za ljude ovog vremena. Ljudi koji tvrde da vjeruju u Isusa Krista, a koji ipak ne žive primjerenim životom padaju u ovu kategoriju. Ako natjeraš nekog da kaže, "Ne želim vjerovati u Isusa zbog ljudi kao što si ti," onda si ti osoba koja zatvara kraljevstvo neba za ljude. Ne samo što ti ne ulaziš na Nebo; nego ti također sprječavaš druge u ulasku.

Ljudi koji tvrde da vjeruju u Boga, ali nastavljaju raditi kompromise sa svijetom su također oni koje je Isus prekorio. Ako u redu crkve, osoba sa crkvenom titulom koja je na poziciji učenja pokaže mržnju prema drugoj osobi, postaje ljuta ili djeluje iz neposluha, kako može novi kršćanin gledati na tu osobu i vjerovati joj, a kamo li poštovati ju? Oni će i više nego vjerojatno postati razočarani i možda čak izgubiti vjeru. Ako, među nevjernicima postoje oni čije supruge ili supruzi pokušavaju narasti u svojoj vjeri i oni ih ili progone ili tjeraju da djeluju iz zla i sudjeluju u grijehu, oni će također primiti "Jao vama" prijekor.

2. Kada osoba postane obraćenik, učini ga dva puta goreg sina Pakla od sebe

Po Mateju 23:15, Isus kaže, "Jao vama, pismoznanci i farizeji! Licemjeri! Obilazite morem i kopnom da pridobijete jednog sljedbenika. A kad ga pridobijete, promećete ga u sina paklenoga dvaput goreg od sebe."

Postoji stara izreka koja kaže da snaha koja ima poteškoće od svoje svekrve će zadavati veće poteškoće svojoj snahi. Ono što osoba vidi i iskusi postaje ugrađeno u njenoj memoriji i podsvjesno, ona djeluje po tome što je iskusila. Zato je važno što se nauči i od koga se nauči. Ako ti kao kršćanin naučiš hodati od ljudi kao što su pismoznanci i farizeji, onda će to biti kao da slijepac vodi slijepca, ti ćeš pasti u zlo zajedno sa njima.

Na primjer, ako vođa uvijek sudi i osuđuje druge, ogovara i govori negativno, vjernik koji uči od njega će također postati ukaljan sa njegovim djelima i zajedno će ići putem smrti. U društvu, djeca koja odrastu u domovima gdje se roditelji stalno svađaju i mrze jedno drugo imaju veću šansu zastraniti od one djece koja odrastu u mirnom domu.

Prema tome, roditelji, učitelji i drugi vođe moraju biti bolji primjer, iznad svih drugih. Ako riječi i djela te vrste ljudi nije primjerna, oni će uzrokovati da se drugi spotiču. Čak i u crkvi, postoje slučajevi gdje sluga ili vođa nije dobar primjer i oni završe remeteći oživljenje ili rast svoje male grupe, odjela ili organizacije. Mi moramo shvatiti ako ovo radimo, da mi uzrokujemo ne samo nama, nego i drugima, da postanu sinovi Pakla.

3. Dostavljanje volje Boga na pogrešan način zbog pohlepe i laži

Po Mateju 23:16-22 Isus kaže, "Jao vama! Slijepe vođe! Govorite: 'Zakune li se tko Hramom, nije ništa. Ali ako se zakune hramskim zlatom, veže ga zakletva.' Budale i slijepci! Ta što je veće: zlato ili Hram što posvećuje zlato? Nadalje: 'Zakune li se tko žrtvenikom, nije ništa. Ali ako se zakune darom što je na njemu, veže ga zakletva.' Slijepci! Ta što je veće: dar ili žrtvenik što dar posvećuje? Tko se dakle zakune žrtvenikom, kune se njime i svime što je na njemu. I tko se zakune Hramom, kune se njime i Onim koji u njemu prebiva. I tko se zakune nebom, kune se prijestoljem Božjim i Onim koji na njemu sjedi."

Ova poruka je prekor protiv onih koji lažno uče Božju volju iz pohlepe, prevare ili sebičnosti svojih srca. Ako netko napravi zakletvu ili obećanje Bogu, učitelji bi ga trebali naučiti da održi to obećanje, ali učitelji su učili ljude da postave to sa strane i samo drže obećanje koje se tiče novca, ili materijalnih stvari. Ako svećenik zanemaruje učiti ljude da žive u istini i samo naglašava prinose, onda je on vođa koji je oslijepio.

Prije bilo čega drugog, vođa mora naučiti ljude da se pokaju od svojih grijeha, kultiviraju pravednost Boga i stoga uđu u kraljevstvo neba. Čineći zakletvu sa hramom, Isusom Kristom, oltarom i Nebeskim Tronom je sve isto, prema tome osoba zasigurno mora održati svoju zakletvu.

4. Zanemarivati značajnije odredbe Zakona

Po Mateju 23:23-24 Isus kaže, "Jao vama, pismoznanci i farizeji! Licemjeri! Namirujete desetinu od metvice i kopra i kima, a propuštate najvažnije u Zakonu: pravednost, milosrđe, vjernost. Ovo je trebalo činiti, a ono ne propuštati. Slijepe vođe! Cijedite komarca, a gutate devu!"

Osoba koja stvarno vjeruje u Boga će davati cijelu desetinu. Ako dajemo cijelu desetinu, mi primamo blagoslove; ali ako to ne činimo, mi krademo od Boga (Malahija 3:8-10). Da, pismoznanci i farizeji su davali svoje desetine; ali Isus ih je prekorio zbog zanemarivanja pravde, milosti i vjernosti. Onda što znači zanemarivati pravdu, milost i vjernost?

"Pravda" označava odbacivanje grijeha, život prema Božjoj Riječi i slušati Ga sa vjerom. Biti "poslušan", prema svjetovnim standardima, znači slušati i činiti nešto što možeš učiniti. Međutim, u istini, biti "poslušan" znači slušati i činiti stvari koje se čine nemoguće za učiniti.

U Bibliji, proroci koje je Bog priznao su slušali Njegovu riječ sa vjerom. Oni su razdvajali Crveno more, uništili Jerihonski zid i zaustavili poplavu Jordana. Da su oni ubacili ljudske misli u situaciju, te stvari se ne bi nikada dogodile. Ali sa vjerom, oni su slušali Boga i to je postalo moguće.

"Milost" znači ispunjavati svoju cijelu dužnost kao čovjek u svim aspektima svojeg života. Postoje osnovni morali i etike u ovom svijetu koje ljudi prate da bi se održali ljudima. Međutim, ti standardi nisu savršeni. Čak i ako se osoba čini kulturnom i pročišćena izvana, ako ona ima zlo u sebi, mi ne možemo reći da je ona stvarno pročišćena. Da bismo mi stvarno vodili živote koji su vrijedni, mi moramo vršiti cijelu dužnost čovjeka, koja je slušati Božje zapovijedi (Propovjednik 12:13).

Isto tako, "vjernost" znači sudjelovati u Božjoj božanstvenoj prirodu kroz vjeru (2. Petrova poslanica 1:4). Božja svrha u stvaranju nebesa i zemlje, svih stvari u njima, te čovječanstva je da bi dobio pravu djecu koja reflektiraju Njegovo srce. Bog nam govori da budemo ispravni, kao što je On ispravan i da budemo savršeni, kao što je On savršen. Ne bismo trebali imati samo običan izgled svetosti. Samo sa odbacivanjem zla iz naših srca i potpuno slušajući Njegove zapovijedi mi stvarno možemo sudjelovati u Božjoj božanstvenoj prirodi.

Međutim, pismoznanci i farizeji Isusovog vremena su zanemarili pravdu, milost i vjernost, te su se samo fokusirali na prinose i žrtve. Bog je daleko zadovoljniji sa pokajničkim srcem, radije nego prinosima žrtvi sa neistinitim srcima (Psalam 51:16-17). Međutim, oni uče nešto što nije u skladu sa Božjom voljom. Osoba koja je u poziciji učenja bi prvo trebala istaknuti ljudske grijehe, pomoći im roditi plodove u držanju sa pokajanjem i voditi ih do mira sa Bogom. Nakon toga, oni bi trebali učiti o davanju desetine, formalnostima službe, molitvi, itd., dok ne dođu do potpunog spasenja.

5. Održavati čistoću izvana dok je iznutra puno pljački i samo zadovoljavanja

Po Mateju 23:25-26, "Jao vama, pismoznanci i farizeji! Licemjeri! Čistite čašu i zdjelu izvana, a iznutra su pune grabeža i pohlepe. Farizeju slijepi! Očisti najprije nutrinu čaše da joj i vanjština bude čista."

Kada pogledaš na čisto čašu od kristala, ona je jako čista i prekrasna. Međutim, ovisno o tome što staviš u čašu, ona može sjati još ljepše, ili može postati umrljana. Ako je ispunjena sa prljavom vodom, ona će postati samo prljava čaša. Na isti način, ako netko izgleda kao da je osoba Boga izvana, ako je njeno srce puno zna, Bog, koji vidi srce, vidjet će svu prljavštinu iznutra i smatra će ju ukaljanom.

U ljudskim vezama također, bez obzira kako čista dobro odjevena i kulturna osoba se može činiti izvana, ako otkrijemo da su puni mržnje, zavisti, ljubomore i svih vrsta zla mi ćemo osjećati nečistoću i sram. Onda kako se Bog, koji je sama pravednost i istina, osjeća kada On vidi takve ljude? Prema tome mi moramo misliti na Riječ Boga i pokajati se od sveg razvrata i pohlepe, te pokušavati ostvariti čisto srce. Ako djelujemo prema Riječi Boga i nastavimo odbacivati naše grijehe, naša srca će postati čista, tako da će naš vanjski izgled prirodno postati čist i svet.

6. Biti kao okrečeni grobovi

Po Mateju 23:27-28 Isus kaže, "Jao vama, pismoznanci i farizeji! Licemjeri! Vi ste kao okrečeni grobovi. Izvana izgledaju doduše lijepi, a iznutra su puni kostiju mrtvačkih i svakoga smrada. Tako se i vi izvana pokazujete ljudima pravedni, a iznutra ste puni licemjerja i zloće."

Bez obzira koliko novca potrošiš na to da uljepšaš grobnicu, u konačnici, što je unutra? Raspadajuće truplo koje će uskoro postati šaka prašine! Prema tome okrečena grobnica simbolizira licemjerje onih koji samo dobro izgledaju izvana. Oni dobro izgledaju, nježno i cijelo izvana, savjetuju i prekoravaju druge, dok iznutra oni su zapravo puni mržnje, zavisti, ljubomore, preljuba, itd.

Ako ispovijedamo da vjerujemo u Boga i držimo mržnju u našim srcima dok osuđujemo druge, tada mi tražimo trun u očima drugih, a ne vidim brvno u našim očima. To se smatra licemjerjem. Ovo se također može primijeniti na nevjernike. Imati srce koje se naginje prema izdaji supruga i žene, zanemarivanju djecu ili ne častiti svoje roditelje, dok se ruga istini i kritizira druge je također djelo licemjerja.

7. Smatrati se pravednim

Po Mateju 23:29-33 Isus kaže, "Jao vama, pismoznanci i farizeji! Licemjeri! Gradite grobnice prorocima i kitite spomenike pravednicima te govorite: 'Da smo mi živjeli u dane otaca svojih, ne bismo bili njihovi sudionici u prolijevanju krvi proročke.' Tako sami protiv sebe svjedočite da ste sinovi ubojica proroka. Dopunite samo mjeru otaca svojih! Zmije! Leglo gujinje! Kako ćete uteći osudi paklenoj?"

Licemjerni pismoznanci i farizeji su sagradili grobnice na prorocima i ukrasili se spomenicima pravednika i rekli, "Da smo mi živjeli u dane otaca svojih, ne bismo bili njihovi sudionici u prolijevanju krvi proročke." Međutim, ova ispovijed nije ispravna. Ne samo da pismoznanci i farizeji nisu prepoznali Isusa, koji je došao kao Spasitelj, nego su Ga oni odbacili i u konačnici su Ga pribili na križ i ubili Ga. Kako se oni mogu nazivati pravednijima od svojih predaka?

Isus prekorava te licemjerne vođe govoreći, "Dopunite samo mjeru otaca svojih!" Kada osoba griješi, ako ima samo malo savjesti, ona će osjećati krivnju i prestati će griješiti. Ali također postoje oni ljudi koji se ne okreću od svojih zlih djela do gorkog kraja. Na to je Isus mislio kada je On rekao, "dopunite". Oni postaju djeca vraga, leglo gujinja i djeluju sa još više zla.

Isto tako, ako osoba čuje istinu i osjeća ugrize savjesti, a ipak smatra sebe pravednom i odbija se pokajati, onda ona nije drugačija od osobe koja ispunjava mjeru krivnje koju su njeni preci počinili. Isus je rekao da ako se ti ljudi ne pokaju i rode plodove u skladu sa pokajanjem, oni neće moći pobjeći od osude Pakla.

Prema tome, mi se moramo zagledati na sebe nad prekorom koji je Isus dao pismoznancima i farizejima i vidjeti postoji li nešto što se odnosi na nas i brzo odbaciti te stvari. Ja se nadam da ćeš ti, čitatelju, biti pravedna osoba koja mrzi zlo i drži se onoga što je dobro, prema tome dajući svu slavu Bogu i uživati u blagoslovljenom životu- koliko god tvoje srce želi.

Napomena i daljnje pojašnjenje

Što je "ljudska kultivacija"?

"Kultivacija" je proces u kojem ratar zasadi sjeme, brine se za njega i rađa plodove od njega. Da bi dobio Svoju pravu djecu, Bog je zasadio Adama i Evu ovdje na ovom svijetu kao prve plodove. Nakon Adamovog pada, čovječanstvo je postalo grešno i nakon primanja Isusa Krista, te uz pomoć Duha Svetog, oni su u mogućnosti obnoviti pravu sliku Boga koja je jednom bila u njima. Pa cijeli proces Božjeg stvaranja čovjeka i nadgledanja cijele povijesti čovječanstva do posljednjeg suda se naziva "ljudska kultivacija".

Razlika između "tijelo", "meso", i "stvari tijela"

Normalno, kada se mi odnosimo na ljudsko tijelo, mi koristimo termin "tijelo" i "meso" naizmjenično. Međutim, u Bibliji, svaki od tih riječi ima posebno duhovno značenje. Postoje vremena kada "meso" se koristi jednostavno da bi se označilo ljudsko tijelo, ali duhovno, to se odnosi na stvari koje propadaju, mijenjaju se, koje su nezdrave i prljave.
Prvi čovjek, Adam, je bio živi duh i on nije imao nikakvog grijeha. Međutim, nakon što je potaknut kroz Sotonu da pojede plod spoznaje dobra i zla, on je iskusio smrt, jer su plaće za grijeh smrt (Postanak 2:17; Poslanica Rimljanima 6:23). Bog je zasadio znanje života, istinu, u čovjeka prilikom stvaranja. Lik ili oblik čovjeka bez te istine, koji je izašao nakon što je Adam zgriješio, se odnosi kao "tijelo". I grešna narav kombinirana sa tim tijelom se odnosi kao "meso". To meso nema vidljiv oblik, ali to je grešna narav koja se može isprovocirati da izađe u bilo koje vrijeme.

Tlo čovjekova srca

Biblija kategorizira čovjekovo srce u različite tipove tla: tlo pored puta, kamenito tlo, trnovito tlo i dobro tlo (Po Marku poglavlje 4).

Tlo pored puta označava tvrdo i očvrsnuto srce. Čak i ako je sjeme Božje Riječi posađeno u taj tip srca, sjeme ne može proklijati i ne može roditi plod; prema tome osoba ne može primiti spasenje.

Kamenito tlo označava osobu koja razumije Božju Riječ sa svojom glavom, ali ne može vjerovati sa svojim srcem. Dok sluša Riječ, ona se može opredijeliti na primjenjivanje što je naučila, ali kada poteškoće dođu, ona ne može zadržati svoju vjeru.

Trnovito tlo se odnosi na srce osobe koje sluša, shvaća i primjenjuje Riječ Boga u svojem životu, ali ona ne može prevladati iskušenja ovog svijeta. Ona je potaknuta sa brigama ovog svijeta, pohlepom i tjelesnim željama, pa sudovi i iskušenja slijede, te ona ne može duhovno rasti.
Dobro tlo označava srce osobe gdje, kada Božja Riječ padne, Riječ rađa plodove 30, 60, 100 puta više i Božji blagoslovi i odgovori uvijek slijede.

Uloge Sotone i vraga

Sotona je biće koje ima moć tame koja uzrokuje da ljudi čine zle stvari. Nema neki određeni oblik. On konstantno širi svoje tamno srce, misli i svoju moć da bi činio zlo u zraku kao radio valove. I kada neistina unutar čovjekovog srca uhvati tu frekvenciju, ona koristi čovjekove misli da bi izlila svoju tamnu moć u njega. Zato kažemo "prima Sotonina djela", ili "sluša glas Sotone".

Vrag je dio anđela koji su pali zajedno sa Luciferom. Oni su obučeni u crno i imaju izraze lice, ruke i noge kao osoba ili anđeo. Primaju naredbe od Sotone i održavaju i daju naredbe bezbrojnim demonima da bi donosili bolesti ljudima ili da bi prouzrokovali da padnu u grijeh i zlo.

Karakter lađe i karakter srca

Ljudi se odnose kao "lađe". Karakter lađe osobe ovisi o tome kako ona dobro sluša Riječ Boga i upisuje u svoje srce, te kako ona dobro iznosi u djela sa vjerom. Karakter lađe ima veze sa tipom materija od kojeg je napravljen. Ako osoba ima dobar karakter lađe, ona može postati posvećena jako brzo i ona može prikazati duhovnu moć u širem području. Da bi kultivirala dobar karakter lađe, osoba bi trebala ispravno slušati Riječ i upisati ju u centar svojeg srca. Kako marljivo osoba izvršava što je naučila određuje karakter lađe osobe.

Karakter srca ovisi o tome kako se široko srce koristi i o veličini lađe, Postoje slučajevi 1) prelaženje preko kapaciteta, 2) samo ispunjavanje kapaciteta, 3) nevoljko ispunjavanje jedva minimalnoga kapaciteta, 4) slučaj gdje je bolje da osoba nije ni počela svoj rad zbog svog zla kojeg je počinila. Ako je karakter srca osobe malen i manjkav, on ili ona moraju raditi na preobražaju u šire, veće srce.

Pravednost u očima Boga

Prvi nivo pravednosti je izbacivanje grijeha. Na tom nivou osoba je ispravna sa prihvaćanjem Isusa Krista i primanjem Duha Svetog. Onda, ona otkriva svoje grijehe i marljivo se moli da bi izbacila te grijehe. Bog je zadovoljan sa tim djelom i odgovara na molitve te osobe i blagoslivlja ju.

Drugi nivo pravednosti je držanje Riječi. Nakon što osoba izbaci svoje grijehe, ona može biti ispunjena sa Božjom Riječi u sebi i ona se može držati toga. Na primjer, ako je čula poruku o tome da ne mrzi nikoga, ona izbacuje mržnju i pokušava voljeti sve. Na taj isti način ona sluša Riječ Boga. U to vrijeme, ona prima blagoslove da bude zdrava svo vrijeme i svaka molitva koju ona podigne dobiva odgovor.

Treći nivo pravednosti je udovoljavanje Bogu. Na tom nivou ne samo da je osoba odbacila grijehe, nego ona također djeluje prema Božjoj volji svo vrijeme. I ona posvećuje svoj život za ispunjenje svojeg poziva. Ako osoba dođe do tog nivoa, Bog odgovara na čak i najmanje želje koje je ona jednostavno začela u svojem srcu.

O pravednosti

"...pravednost - što odlazim k Ocu i više me ne vidite;"
(Po Ivanu 16:10)

"Abram povjerova Jahvi, i on mu to uračuna u pravednost." (Postanak 15:6)

"Uistinu kažem vam: ne bude li pravednost vaša veća od pravednosti pismoznanaca i farizeja, ne, nećete ući u kraljevstvo nebesko." (Po Mateju 5:20)

"Sada se pak izvan Zakona očitovala pravednost Božja, posvjedočena Zakonom i Prorocima, pravednost Božja po vjeri Isusa Krista, prema svima koji vjeruju. Ne, nema razlike!" (Poslanica Rimljanima 3:21-22)

"..puni ploda pravednosti po Isusu Kristu - na slavu i hvalu Božju." (Poslanica Filipljanima 1:11)

"...pripravljen mi je vijenac pravednosti kojim će mi u onaj Dan uzvratiti Gospodin, pravedan sudac; ne samo meni, nego i svima koji s ljubavlju čekaju njegov pojavak." (2. Poslanica Timoteju 4:8)

"...te se ispunilo Pismo koje veli: Povjerova Abraham Bogu i uračuna mu se u pravednost pa prijatelj Božji posta." (Jakovljeva poslanica 2:23)

"Po ovom se raspoznaju djeca Božja i djeca đavolska: tko god ne čini pravde i tko ne ljubi brata, nije od Boga." (1. Ivanova poslanica 3:10)

Poglavlje 6

Pravednost koja vodi do života

"Dakle, grijeh jednoga - svim ljudima na osudu, tako i pravednost Jednoga - svim ljudima na opravdanje, na život!"
(Poslanica Rimljanima 5:18)

Ja sam susreo živog Boga nakon što sam sedam godina proveo u bolesničkom krevetu. Ne samo da sam ja primio ozdravljenje od svih mojih bolesti kroz vatru Duha Svetog, nego nakon što sam se pokajao od svojih grijeha, ja sam također primio vječan život koji će mi dopustiti da živim na Nebu zauvijek. Bio sam tako zahvalan za Božju milost da sam od tog vremena krenuo ići u crkvu, prestao sam piti i prestao sam drugima služiti alkoholna pića.

Bilo je jednom vrijeme kada se jedan od mojih rođaka rugao crkvama. Jer se nisam mogao suzdržati, ja sam ljutito rekao, "Zašto govoriš tako ružno o Bogu i negativno govoriš o crkvi i pastoru?" Kao beba kršćanin, ja sam mislio da su moja djela opravdana. Tek kasnije sam ja shvatio da moja djela nisu bila ispravna. Pravednost kao što sam ju ja vidio preuzela je vodstvo ispred pravednosti koja se vidi kroz Božje oči. Rezultiralo je u svađama i prepirkama.

U ovoj vrsti situacije, što je pravednost u Božjem vidu? To je pokušati shvatiti drugu osobu sa ljubavi. Ako uzmeš u obzir činjenice da se oni ponašaju na taj način jer ne znaju Gospoda i Boga, onda nema razloga postati uzrujan zbog njih. Prava pravednost znači moliti se za njih sa ljubavi i tražiti mudar put za njihovu evangelizaciju i voditi ih da postanu djeca Boga.

Pravednost u očima Boga

Izlazak 15:26, kaže, "Budeš li zdušno slušao glas Jahve, Boga svoga, vršeći što je pravo u njegovim očima..." Ovaj stih nam govori o činjenici da pravednost u čovjekovom i Božjem vidu su jasno različite.

U našem svijetu, izvršiti osvetu se često smatra djelovati pravedno. Međutim, Bog nam govori da je ljubav za sve ljude, pa čak i neprijatelje, pravednost. Isto tako, svijet smatra pravednim kada se netko bori da bi ostvario nešto što on smatra točnim, čak i pod cijenu kidanja mira sa drugim ljudima. Ali Bog ne smatra osobu pravednom kada ona kida mir sa drugima samo zbog toga što on misli da je ispravno u svojem umu.

Isto tako, u ovom svijetu, bez obzira koliko ti zla imaš u svojem srcu kao što je mržnja, razdor, zavist, ljubomora, bijes i sebičnost, sve dok ne kršiš zakone zemlje i dok ne počiniš nikakve grijehe u svojim djelima, nitko te neće zvati nepravednim. Međutim, čak i ako ne počiniš nikakve grijehe sa svojim djelima, ako imaš zla u svojem srcu, Bog kaže da si ti nepravedna osoba. Čovjekov koncept pravednosti i nepravednosti se razlikuje među različitim osobama, mjestima i generacijama. Prema tome, da bismo mi uspostavili pravi standard za pravednosti i nepravednost, mi moramo postaviti standard na Boga. Ono što Bog zove pravednim je prava pravednost.

Sad, što je Isus činio? Poslanica Rimljanima 5:18 kaže, "Dakle, grijeh jednoga - svim ljudima na osudu, tako i pravednost Jednoga - svim ljudima na opravdanje, na život!" Ovdje, "grijeh jednoga" je grijeh Adama, oca svog čovječanstva, a "pravednost Jednoga" je poslušnog Isusa, Sina Božjeg. On je ispunio pravedno djelo vođenja mnogih ljudi do života. Prostudirajmo u detalje o tome što je pravednost, koja vodi ljude do života.

Jedno djelo pravednosti koje spašava svo čovječanstvo

U Postanku 2:7 mi čitamo da je Bog stvorio prvog čovjeka, Adama, na Svoju sliku. Onda je On udahnuo u njegove nosnice i učinio ga živim duhom. Baš kao novorođena beba, ništa nije bilo u njemu. On je bio svježa, nova ploča. Baš kao što beba raste i počinje sakupljati i koristiti znanje kroz to što vidi i čuje, njega je Bog učio o harmoniji cijelog svemira, zakonima duhovnog svijeta i riječima istine.

Bog je naučio Adama svemu što je trebao znati da bi živio kao gospodar svih stvorenja. Sad, postojala je samo jedna stvar koju je Bog zabranio. Adama je mogao slobodno jesti sa svakog stabla u Edenskom vrtu osim sa stabla spoznaje dobra i zla. Bog mu je dao oštro upozorenje da na dan kada bude jeo sa njega, on će zasigurno umrijeti (Postanak 2:16-17).

Međutim, nakon što je dugo vremena prošlo on nije zapamtio te riječi i pao je u iskušenje zmije, te je jeo zabranjeno voće. Kao rezultat, njegova komunikacija sa Bogom je bila prekinuta i kao što je Bog rekao, "Ti ćeš zasigurno umrijeti," Adamov duh, koji je bio živi duh, je umro. Jer nije slušao Božje Riječi nego je umjesto toga slušao riječi neprijatelja vraga, on je postao dijete vraga.

1. Ivanova poslanica 3:8 govori, "Tko čini grijeh, od đavla je jer đavao griješi od početka. Vama je otac đavao i hoće vam se vršiti prohtjeve oca svoga. On bijaše čovjekoubojica od početka i ne stajaše u istini jer nema istine u njemu: kad govori laž, od svojega govori jer je lažac i otac laži."

Ako je Adam taj koji nije poslušao i zgriješio je, zašto su onda i njegovi potomci grešnici? Dijete nasljeđuje svoje roditelje, posebno njihov izgled. Ali čak i njegova osobnost, te način na koji hoda sliči njegovim roditeljima. To je zbog toga što dijete nasljeđuje ono što se znao kao roditeljski "chi", "duh", ili "životnu silu" i baš kao što je ta životna sila prenesena na dijete, grešna priroda roditelja je također prenesena (Psalmi 51:5). Novorođenu bebu nitko nije naučio plakati ili komešati se, ali ona to sama od sebe zna. To je zbog toga što je grešna priroda sadržana u životnoj sili koja je prenesena iz generacije u generaciju sve od Adama.

Uz dodatak na izvorne grijehe koje čovjek nasljeđuje, on također nastavlja činiti svoje vlastite grijehe i tako njegovo srce postaje sve više i više ukaljano grijehom. Onda on to opet predaje dalje svojoj djeci. Kako vrijeme prolazi svijet postaje popljavljen sa grijehom. Onda kako može čovjek, koji je dijete vraga, obnoviti svoju vezu sa Bogom?

Bog je znao od početka da će čovjek zgriješiti. Prema tome On je pripremio Svoju providnost spasenja i skrio ju. Spasenje čovječanstva kroz Isusa Krista je bila tajna koja je skrivena od početka vremena. Pa je Isus Krist, koji je bio nevin i bez mrlje, preuzeo na Sebe kletvu i obješen je na križ da bi otvorio put spasenja za čovječanstvo koje je bilo osuđeno na smrt. Kroz to djelo pravednosti Isusa Krista, mnogi ljudi koji su bili grešnici su oslobođeni od smrti i dobili su život.

Početak pravednosti je vjerovanje u Boga

"Pravednost" je biti u skladu sa čednosti ili moralom. Međutim "pravednost" prema Bogu je slušanje sa vjerom iz strahopoštovanja prema Njemu, odbacivanje grijeha i držanje Njegovih zapovijedi (Propovjednik 12:13). Iznad svega, Biblija naziva djelo ne vjerovanja u Boga, grijehom (Po Ivanu 16:9). Prema tome, obično djelo vjerovanja u Boga je činjenica pravednosti i to je prvi uvjet koji osoba mora imati da bi postala pravedna.

Kako mi možemo nazivati osobu ispravnom ako ta osoba

zanemaruje i izdaje svoje roditelje koji su ga rodili? Ljudi će upirati prstima na njega i nazivati ga grešnikom koji nema obzira prema ljudskosti. Isto tako, osoba neće vjerovati u Boga stvoritelja koji nas je stvorio, ako Ga on neće zvati Ocem i povrh toga, ako on služi neprijatelja vraga- kojeg Bog najviše mrzi- onda to postaje ozbiljan grijeh.

Prema tome, da bi postao pravedna osoba, najprije, ti moraš vjerovati u Boga. Baš kao što je Isus imao potpunu vjeru u Boga i držao svaku Njegovu riječ, mi također moramo imati vjeru u Njega i držati Njegove riječi. Imati vjeru u Boga znači vjerovati u činjenicu da je Bog Gospod svih stvorenja koji je stvorio cijeli svemir i nas, te koji jedini ima kontrolu nad životom i smrti čovječanstva. To je također vjerovati u činjenicu da je Bog samo postojeći, da je On prvi i posljedni, početak i kraj. To znači vjerovati da je On konačni sudac koji je pripremio Nebo i Pakao i koji će suditi svakoj osobi sa pravdom. Bog je poslao Svog jedinog začetog Sina, Isusa Krista na ovaj svijet da bi otvorio put spasenja za nas. Prema tome, vjerovati u Isusa Krista i primati spasenje je, u suštini, vjerovati u Boga.

Pa, postoji nešto što Bog zahtjeva od sve Svoje djece koja ulaze kroz vrata spasenja. U ovom svijetu, građani određene zemlje moraju slušati zakone te zemlje. Na isti način, ako si postao građanin Neba, ti bi se trebao pridržavati zakona Neba, koji je Božja Riječ, koja je Istina. Na primjer, pošto Izlazak 20:8 kaže, "Sjeti se da svetkuješ dan subotni," ti bi se trebao pridržavati Božjeg zakona i imati najveći prioritet držati cijelu subotu, a ne raditi kompromise sa svijetom. Mi bismo to trebali činiti jer Bog smatra tu vrstu vjere i poslušnosti kao pravednost.

Kroz Isusa Krista, Bog nas je prosvijetlio o zakonu pravednosti koji nas vodi do života. Ako slušamo taj zakon mi postajemo pravedni, mi možemo ići na Nebo i mi možemo primiti Božju ljubav i blagoslove.

Pravednost Isusa Krista koju moramo oponašati

Čak je i Isus, koji je Sin Boga, ostvario pravednost potpuno slušajući Božje zakone. Iznad svega, dok je On bio ovdje na zemlji, On nikad nije pokazao čak i naznaku zla. Jer je On začet sa Duhom Svetim, On nije imao izvorni grijeh. I, pošto On nije imao misli ili bilo čega zlog On nije ni počinio grijeh.

Većinu vremena, ljudi pokazuju zla djela jer imaju nezakonite misli. Osoba koja je pohlepna će prvo pomisliti, "Kako se mogu obogatiti? Kako mogu uzeti imanje te osobe za sebe?" I onda će osoba zasaditi tu misao u svoje srce. I onda će njegovo srce postati uzrujano i ona će najvjerojatnije poduzeti zla djela. Jer ima pohlepu u svojem srcu, nju Sotona potiče kroz njene misli; i kada ona prihvati ta iskušenja, ona završava u počinjenu zlih djela kao što je varanje, pronevjera ili krađa.

Job 15:35 kaže, "Koji zlom zanesu, rađaju nesreću i prijevaru nose u utrobi svojoj." I u Postanku 6:5 kaže da prije Božjeg suda svijetu sa poplavom, čovjekova opakost je bila tako velika na zemlji i da je svaka namjera misli srca čovjeka bila konstantno zla. Jer je srce zlo, um je također zao. Međutim, ako nema zla u našim srcima, Sotona ne može raditi kroz naše misli da bi nas potaknuo. Baš kao što je zapisano da stvari koje proizlaze iz usta dolaze od srca (Po Mateju 15:18), ako srce nema zla, nema načina zle misli ili djela mogu doći iz njega.

Isus, koji nije imao niti izvorni grijeh niti samo počinjeni grijeh, imao je srce koje je sama svetost. Prema tome sva Njegova djela su uvijek dobra. Jer je Njegovo srce pravedno, On je imao samo pravedne misli i On je uvijek poduzimao pravedna djela. Da bismo mi postali pravedne osobe mi prvo moramo zaštiti naše misli tako da odbacimo zlo iz naših srca i onda će naša dijela također postati cjelovita.

Ako slušamo i činimo točno što nam Biblija kaže, "Čini, ne čini, drži i odbaci", srce Boga, ili istina, će boraviti u našim srcima tako da mi ne griješimo sa našim mislima. I naša djela će također postati cjelovita sa primanjem vodstva i uputa od Duha Svetog. Bog kaže, "svetkuj dan Gospodnji", pa mi držimo Gospodov dan svetim. On kaže, "moli, voli i dijeli evanđelje", pa se mi molimo, volimo i dijelimo evanđelje. On kaže da ne krademo ili počinimo preljub, pa mi ne činimo te stvari.

I pošto nam je On rekao da odbacimo čak i oblike zla, mi nastavljamo odbacivati neistine kao što su ljubomora, zavist, mržnja, preljub, prevara, itd. I, ako mi slušamo Riječ Boga, onda će neistine u našim srcima nestati i samo će istina ostati. Ako iščupamo gorko korijenje grijeha iz naših srca, grijeh više ne može ući u nas kroz naše misli. Prema tome, što god vidimo, mi vidimo iz dobrote i bilo što što kažemo i što mi činimo također to govorimo i činimo iz dobrote koja dolazi iz našeg srca.

Mudre izreke 4:23 kaže, "Svom brižljivošću čuvaj srce svoje; jer iz njega izvire život!" Pravednost koja vodi do života, ili do izvora života, dolazi iz štićenja srca. Da bismo mi dobili život mi prvo moramo držati pravednost, prvenstveno istinu, u našem srcu i slušati ju. Zbog toga je tako važno štiti um i srce.

Ali zbog toga što ima tako mnogo zla u nama, nema mogućnosti da mi sami samo sa svojom snagom izbacimo sve. U dodatku na naš vlastiti trud za odbacivanje grijeha, mi također trebamo moć Duha Svetog. Zbog toga se moramo moliti. Kada se molimo sa vatrenim molitvama, Božja milost i moć dolazi na nas i mi postajemo ispunjeni sa Duhom Svetim. Tada možemo izbaciti te grijehe!

Jakovljeva poslanica 3:17 kaže "A mudrost odozgor ponajprije čista je..." To znači da kada mi odbacimo grijehe iz naših srca i fokusiramo se samo na pravednost, onda će mudrost odozgor doći na nas. Međutim koliko god velika mudrost svijeta može biti, nikad se ne može usporediti sa mudrost koja dolazi odozgor. Mudrost ovog svijeta dolazi od čovjeka, koji je ograničen i ne može predvidjeti čak i jednu sekundu onoga što dolazi. Međutim, mudrost koja dolazi odozgor je Svemogući Bog poslao tako da mi možemo znati o stvarima koje dolaze u budućnosti i pripremiti se za njih.

Po Luki 2:40 kaže da je Isus rastao i postajao snažan, povećavajući u mudrosti. Zapisano je da je u dobi od dvanaest On bio tako mudar da su čak i učitelji koji su imali temeljito znanje Zakona bili zapanjeni sa Njegovim znanjem. Jer je Isusov um bio samo fokusiran na pravednost, On je primio mudrost odozgor.

1. Petrova poslanica 2:22-23 kaže "On, koji ne učini grijeha, i u čijim se ustima ne nađe prijevara; loji nije vratio pogrde, kad su ga grdili, nije prijetio..." Kroz ovaj stih, mi možemo vidjeti

Isusovo srce. Isto tako po Ivanu 4:34, kada su učenici donijeli hranu, Isus je rekao, "Jelo je moje vršiti volju onoga koji me posla i dovršiti djelo njegovo." Jer su Isusovo srce i um bili fokusirani samo na pravednosti, sva Njegova djela su također bila cjelovita.

Isus nije bio vjeran samo u Božje radu: On je također bio vjeran u "svom Božjem domaćinstvu." Čak i dok je umirao na križu, On je povjerio Djevicu Mariju Ivanu, da bi bio siguran da će ona biti zbrinuta. Pa, Isus je potpuno ispunio Svoju svjetovnu dužnost kao osoba, dok je propovijedao evanđelje kraljevstva neba i ozdravljivao bolesne sa Božjom moći. On je u konačnici završio Svoju misiju za dolazak u ovaj svijet sa preuzimanjem križa da bi se pobrinuo za grijehe i slabosti čovječanstva. Tako je On postao Spasitelj čovječanstva, Kralj kraljeva i Gospod gospoda.

Put do postanka pravedne osobe

Onda kao djeca Boga, što bismo trebali učiniti? Moramo postati pravedni ljudi držeći se Božjih zakona kroz naša djela. Pošto je Isus postao najbolji model za nas držeći i prakticirajući sve Božje zakone, mi moramo činiti isto slijedeći Njegov primjer.

Prakticirati Božje zakone znači držati Njegove zapovijedi i biti bez mrlje u pogledu na Njegov status. Deset Zapovijedi bi bio glavni primjer Božjih zapovijedi. Na Zapovijedi se može gledati kao napomena svih Božjih zapovijedi sadržanih u 66 knjiga Biblije. Svaka od Deset Zapovijedi ima duboko duhovno značenje. Kada mi shvatimo pravo značenje svake i slušamo ju, Bog nas naziva pravednima.

Isus kaže da postoji velika i najistaknutija zapovijed. To je voli

Boga sa svim svojim srcem, dušom i umom. Druga je voli svojeg susjeda kao samog sebe (Po Mateju 22:37-39).

Isus je držao i prakticirao sve te zapovijedi. On se nikad nije svađao ili vikao. Isus se molio svo vrijeme, bilo da je rano u jutro ili kroz cijelu noć. On je također držao sve statute. "Statuti" se odnose na pravila koja je Bog postavio za nas, kao što je držanje Pashe ili davanje desetine. Postoji zapis o tome kako Isus ide u Jeruzalem promatrati Pashu, baš kao svi drugi Židovi.

Kršćani, koji su duhovni Židovi, nastavljaju očuvati i promatrati duhovno značenje Židovskih rituala. Kršćani obrezuju svoja srca baš kao što je fizičko obrezivanje bilo u vrijeme Starog Zavjeta. Oni su slavili u duhu i istini prilikom službe, držeći duhovno značenje predavanja žrtve Bogu u Starom Zavjetu. Kada mi držimo Božje zakone i prakticiramo ih, mi primamo pravi život i postajemo pravedni. Gospod je prevladao smrt i uskrsnuo; prema tome mi također možemo uživati u vječnom životu izlazeći naprijed do uskrsnuća pravednosti.

Blagoslovi za pravedne

Svađa, neprijateljstvo i bolest dolaze jer ljudi nisu pravedni. Bezakonje dolazi jer nismo pravedni i onda dolazi bol i patnja. To je zbog toga što ljudi primaju radove vraga, oca grijeha. Ako nema bezakonja i nema nepravednosti, ne bi bilo katastrofa, patnji ili poteškoća i ovaj svijet bi bio stvarno prekrasno mjesto. Nadalje, ako ti postaneš pravedna osoba u Božjim očima, ti ćeš primiti velike blagoslove od njega. Ti možeš postati stvarno izvanredna i blagoslovljena osoba.

Ponovljeni zakon 28:1-6 govori o tome u detalje: "Ako budeš vjerno slušao Gospoda, Boga svojega, i ako budeš izvršivao zapovijedi njegove, što ti ih dajem danas, uzvisit će te Gospod, Bog tvoj, nad sve narode na zemlji. Svi ovi blagoslovi doći će na te i stignut će te, ako budeš slušao Gospoda, Boga svojega. Blagoslovljen ćeš biti u gradu i blagoslovljen u polju. Blagoslovljen će biti plod tijela tvojega, plod njive tvoje, plod stoke tvoje, mlade goveda tvojih i ovaca tvojih. Blagoslovljena će biti žetvena košara tvoja i naćve tvoje. Blagoslovljen ćeš biti, kada dolaziš, i blagoslovljen, kada odlaziš."

Isto tako, u Izlasku 15:26 Bog obećava da ako mi činimo što je ispravno u Božjem vidu, On neće postaviti nikakve bolesti na nas koje je On poslao na Egipćane. Prema tome ako mi činimo što je ispravno u Božjem vidu, onda ćemo biti zdravi. Mi možemo uspijevati u svim dijelovima naših života i iskusiti vječnu radost i blagoslove.

Do sada smo pogledali što je pravednost u Božjim očima. Sada, djelujući u skladu sa Božjim zakonima i statutima bez mrlje, te živeći pravedno prema Božjem vidu, ja se nadam da ćeš ti iskusiti Božju ljubav i blagoslove do pune mjere!

Napomena

Vjera i pravedni

Postoje dvije vrste vjere: "Duhovna vjera" i "tjelesna vjera". Imati "tjelesnu vjeru" znači samo moći vjerovati u stvari koje se slažu sa znanjem i mislima osobe. Taj tip vjere je vjera bez djela; prema tome to je mrtva vjera koju Bog ne priznaje. Imati "duhovnu vjeru" znači biti u mogućnosti vjerovati u sve što dođe iz Božje Riječi, čak i ako se ne slaže sa znanjem ili mislima osobe. Sa tim tipom vjere, osoba djeluje prema Božjoj Riječi. Osoba može imati ovu vrstu vjere samo ako joj Bog da i svaka osoba ima različitu mjeru vjere (Poslanica Rimljanima 12:3). Velikim dijelom, vjera se može kategorizirati iz nivoa jedan do pet: na prvom nivou vjere, osoba ima vjeru sa kojom prima spasenje, na drugom nivou, osoba pokušava djelovati prema Riječi Boga, na trećem nivou, osoba može potpuno djelovati prema Riječi, na četvrtom nivou, osoba je postala posvećena sa odbacivanjem grijeha i voli Gospoda do najveće mjere, te na petom nivou, osoba ima vjeru da donese potpunu radost Bogu.

"Pravedni" se odnosi na osobe koje su pravedne.

Kada mi prihvatimo Isusa Krista i oprošteni su nam naši grijesi kroz Njegovu prevrijednu krv, mi smo opravdani. To znači da smo mi opravdani sa našom vjerom. Sada kad odbacimo zlo- ili neistine- iz naših srca i pokušavamo djelovati u istini, prema Riječi Boga, mi se možemo pretvoriti u stvarno pravedne ljude, koje Bog prepoznaje kao pravedne. Bog se jako raduje u takvim pravednim ljudima i On odgovara na svaku njihovu molitvu (Jakovljeva poslanica 5:16).

Poglavlje 7

Pravedni će živjeti po vjeri

"Jer pravednost se Božja od vjere k vjeri u njemu otkriva kao što je pisano: 'Pravednik će od vjere živjeti.'"
(Poslanica Rimljanima 1:17)

Kada netko učini dobro djelo za siroče, udovicu ili za susjeda u potrebi, češće da nego ne, ljudi zovu tu osobu pravednim muškarcem ili ženom. Kada netko izgleda nježan i ljubazan, poštiva zakon, ne ljuti se lako i tiho je strpljiv, ljudi hvale takvu osobu govoreći, "Ta osoba niti ne treba pravila." Pa znači li to stvarno da je ta osoba pravedna?

Hošea 14:9 kaže, "Tko je mudar neka shvati ovo, i čovjek razuman neka spozna! Jer pravi su putovi Jahvini: pravednici hode po njima, grešnici na njima posrću." To znači da je osoba koja poštuje zakon Boga stvarno pravedna osoba.

Isto tako, po Luki 1:5-6 kaže, "U dane Heroda, kralja judejskoga, bijaše neki svećenik imenom Zaharija iz razreda

Abijina. Žena mu bijaše od kćeri Aronovih, a ime joj Elizabeta. Oboje bijahu pravedni pred Bogom: živjeli su besprijekorno po svim zapovijedima i odredbama Gospodnjim." To znači da je netko pravedan samo kada on propovijeda zakone Boga, prvenstveno sve zapovijedi i statute Gospoda.

Postati stvarno pravedna osoba

Bez obzira koliko se osoba trudi biti pravedna, nitko nije pravedan jer svi imaju izvorni grijeh, koji je prenesen na njih od njihovih predaka i samo počinjeni grijeh, drugačije zvan pravi grijeh. Poslanica Rimljanima 3:10 kaže, "Nema pravedna, nema nijednoga;" Jedan i jedini pravedan čovjek je bio, i je, Isus Krist.

Isus, koji nije imao niti izvorni grijeh niti samopočinjeni grijeh, prolio je Svoju krv i umro na križu da bi platio kaznu za naše grijehe, On je ponovno ustao od mrtvih i postao naš Spasitelj. Trenutak u kojem mi vjerujemo u Isusa Krista, koji je put, istina i život, tada su nam naši grijesi oprani i mi smo opravdani. Međutim, samo zato što smo opravdani sa vjerom, to ne znači da smo gotovi. Da, kada mi vjerujemo u Isusa Krista, oprošteni su nam naši grijesi i mi smo opravdani; međutim, mi još uvijek imamo grešne prirode u našim srcima.

Zato je u Poslanici Rimljanima 2:13 zapisano, "Ne, pred Bogom nisu pravedni slušatelji Zakona, nego - izvršitelji će Zakona biti opravdani." To znači da iako smo opravdani sa vjerom, mi možemo postati stvarno pravedne osobe samo kada promijenimo srce neistine u srce istine djelujući prema Riječi Boga.

U vrijeme Starog Zavjeta, prije nego je Duh Sveti došao, ljudi još nisu mogli sami odbaciti svoje grijehe. Pa ako nisu počinili grijehe izvana, oni se nisu smatrali grešnicima. To je bilo vrijeme Zakona, gdje se ljudima plaćalo oko za oko i zub za zub. Međutim, ono što Bog želi je obrezivanje srca- odbacivanje neistina, ili grešnih prirodi iz srca, te prakticiranje ljubavi i milosti. Pa za razliku od ljudi u vrijeme Starog Zavjeta, ljudi vremena Novog Zavjeta koji su prihvatili Isusa Krista primaju Duh Sveti kao dar i uz pomoć Duha Svetog, oni su osnaženi i mogu odbaciti grešne naravi iz svojih srca. Čovjek ne može odbaciti grijeh i postati pravedan samo sa svojom moći. Zbog toga je Duh Sveti došao.

Prema tome, da bismo postali stvarno pravedna osoba, mi trebamo pomoć Duha Svetog. Kada mi zavapimo Bogu u našim molitvama da bismo postali pravedni, Bog nam daje milost i snagu, te nam Duh Sveti pomaže. Prema tome mi zasigurno možemo prevladati grijeh i izvući naše grešne naravi sa korijenjem iz naših srca! Kako mi sve više odbacujemo naše grijehe, postajemo posvećeni i dođemo do pune mjere vjere uz pomoć Duha Svetog, mi primamo sve više Božje ljubavi i stvarno postajemo pravedni ljudi.

Zašto moramo postati pravedni?

Ti se možeš pitati, "Moram li stvarno postati pravedan? Ne mogu li samo vjerovati u Isusa do određene točke i živjeti normalnim životom?" Ali Bog kaže u Otkrivenju 3:15-16,

"Znam tvoja djela, da nijesi ni studen ni vruć, O da si studen ili vruć! Ali jer si mlak, i nijesi ni studen ni vruć, izbljuvat ću te iz usta svojih."

Bog ne voli "prosječnu vjeru". Mlaka vjera opasna, jer je jako teško zadržati tu vrstu vjere preko dugog perioda vremena. U konačnici, taj tip vjere postane hladan. To je kao mlaka voda. Ako ju ostaviš vani kratko vrijeme, u konačnici će se ohladiti i postati hladna. Bog kaže da će On ispljunuti ljude s tom vrstom vjere. To znači da se ljudi s tom vrstom vjere ne mogu spasiti.

Pa, što nam je onda potrebnu da budemo pravedni? I kao što je zapisano u Poslanici Rimljanima 6:23, "Jer plaća je grijeha smrt," grešnik pripada neprijatelju, vragu i hoda putem smrti. Prema tome grešnik se mora okrenuti od grijeha i postati pravedan. Samo tada grešnik postaje slobodan od sudova, iskušenja i bolesti koje mu vrag daje. Kako čovjek nastavlja živjeti u ovom svijetu, on će najvjerojatnije iskusiti sve vrste tužnih i teških situacija kao što su bolesti, nesreće i smrti. Međutim, ako osoba postane pravedna, ona nema ništa sa tim stvarima.

Prema tome, mi moramo paziti na Božje riječi i držati sve Njegove zapovijedi. Ako živimo pravedno, mi možemo primiti sve blagoslove koji su opisani u Ponovljenom zakonu poglavlje 28. I kako naša duša uspijeva, mi ćemo uspijevati u svim aspektima i mi ćemo biti zdravi.

Ali dok ne postaneš pravedna osoba koja može primiti sve te blagoslove, poteškoće će slijediti. Na primjer, da bi osvojili zlatnu medalju na Olimpijadi, atletičari prolaze kroz rigorozan trening. Isto tako, malo po malo, Bog će slijediti Svoju voljenu djecu da bi prošli određene sudove i iskušenja unutar prostora njihovih sposobnosti prema njihovoj mjeri vjere, tako da će njihove duše još više uspijevati.

Bog je rekao Abrahamu da napusti očevu kući i rekao je, "Mojim hodi putem i neporočan budi" (Postanak 17:1). On ga je trenirao i vodio ga da postane stvarno pravedan čovjek. U konačnici, nakon što je Abraham prošao svoj posljednji test žrtvovanja svojeg jedinog sina, Izaka, kao žrtvu paljenicu Bogu, sud je završio. Nakon toga, Abraham je bio blagoslovljen svo vrijeme i sve mu je uvijek dobro išlo.

Bog nas trenira da bi povećao našu vjeru i da bi nas učinio pravednima. Kada svaka osoba prođe svaki sud, Bog ju blagoslivlja i dopušta joj voditi još veću vjeru. I kroz taj proces, mi sve više kultiviramo srce Gospoda.

Slava koju mi primimo na Nebu će varirati, ovisno o tome koliko smo naših grijeha odbacili i koliko naša srca sliče Kristu. Baš kao što je zapisano u 1. poslanici Korinćanima 15: 41, "Drugi je sjaj sunca, drugi sjaj mjeseca i drugi sjaj zvijezda; jer zvijezda se od zvijezde razlikuje u sjaju," količina slave koju ćemo dobiti na Nebu ovisi o tome koliko smo pravedni postali na ovom svijetu.

Vrsta djece koju Bog želi imati su oni koji imaju pravu kvalifikaciju Njegove djece- oni koji imaju srce Gospoda. Ti ljudi će ući u Novi Jeruzalem gdje je Božji tron i oni će boraviti u mjestu slave koja sjaji kao sunce.

Pravedni će živjeti po vjeri

Pa kako bismo trebali živjeti, da bismo postali pravedna osoba? Mi moramo živjeti prema vjeri, kao što je zapisano u

Poslanici Rimljanima 1:17, "Pravednik će od vjere živjeti." Mi možemo podijeliti vjeru u dvije glavne kategorije: tjelesna vjera i duhovna vjera. Tjelesna vjera je vjera bazirana na znanju ili vjera bazirana na razumu.

Kada je čovjek rođen i odgaja, stvari koje on vidi, čuje i nauči od svojih roditelja, učitelja, susjeda i prijatelja postaju uskladišteni kao znanje u memorijski uređaj u njegovom mozgu. Ako osoba vjeruje samo kada nešto zaključi sa znanjem kojeg već ima, to se zove tjelesna vjera. Ljudi koji imaju taj tip vjere vjeruju da se nešto može stvoriti iz nečega što već postoji. Ali oni ne mogu vjerovati niti prihvatiti stvaranje nečega iz ničega.

Na primjer, oni ne mogu vjerovati da je Bog stvorio nebesa i zemlju sa Riječi. Oni ne mogu vjerovati u događaj gdje je Isus smirio oluju tako da je prekorio vjetar i zapovjedio moru, "Utihni! Umukni!" (Po Marku 4:39). Bog je otvorio usta magarci i učinio da priča. On je dao da Mojsije razdvoji Crveno more sa svojim štapom. On je čak učinio da visoki zid Jerihona padne nakon što su Izraelci jednostavno hodali oko njega i vikali. Ti događaji uopće nemaju smisla, prema znanju i razumu prosječne osobe.

Kako se more može razdvojiti, samo zato što je netko podigao štap prema njemu? Međutim, ako Bog- za kojeg ništa nije nemoguće- učini da se dogodi, to se dogodi! Osoba koja ispovijeda da vjeruje u Boga, a ipak nema duhovnu vjeru neće vjerovati da su se ti događaji stvarno zbili. Pa osoba koja ima tjelesnu vjeru nema vjeru s kojom može vjerovati i prirodno, oni ne mogu slušati Božju Riječ. Prema tome oni ne mogu primiti odgovore na svoje molitve i oni ne mogu primiti spasenje. Zbog toga se njihova vjera naziva "mrtva vjera".

U suprotnom, duhovna vjera- vjera s kojom se vjeruje u stvaranje nečega iz ničega- se naziva "živa vjera". Oni sa tom vrstom vjere će pokidati svoje misli tijela i oni neće pokušati razumjeti događaje ili situacije samo sa svojim znanjem i mislima. Oni sa duhovnom vjerom imaju vjeru prihvatiti sve u Bibliji jednostavno kako je. Duhovna vjera je vjera koja vjeruje u nemoguće. I zbog toga što vodi čovjeka do spasenja, naziva se "živa vjera". Ako želiš postati pravedan, ti moraš imati duhovnu vjeru.

Kako posjedovati duhovnu vjeru

Da bismo imali duhovnu vjeru, mi se prvo moramo riješiti svih misli i teorija u našem umu koji nam smetaju u dobivanju duhovne vjere. Kao što je zapisano u 2. Poslanici Korinćanima 10:5, mi moramo uništiti špekulacije i svaku uzvišenu stvar koja dolazi protiv znanja Boga i mi moramo zarobiti svaku misao za poslušnost Kristu.

Znanje, teorije, razumijevanje i vrijednost koje osoba uči od rođenja nisu uvijek točne. Samo je Božja Riječ apsolutna i trajna istina. Ako mi ustrajemo da je naše ograničeno ljudsko znanje i teorija istinita, onda nema načina na koji mi možemo prihvatiti Božju Riječ kao istinu. Prema tome, mi nećemo moći imati duhovnu vjeru. Zbog toga je važno najprije pokidati ovaj tip uma.

Isto tako, da bismo imali duhovnu vjeru, mi moramo marljivo slušati Riječ Boga. Poslanica Rimljanima 10:17 kaže da vjera dolazi od slušanja; prema tome mi moramo čuti Riječ Boga. Ako ne čujemo riječi Boga, mi ne znamo što je istina- pa duhovna vjera ne može naći mjesto u nama. Kako mi slušamo riječi Boga ili svjedočanstva drugih ljudi na službenim slavljima i raznim crkvenim sastancima, sjeme vjere raste u nama, iako to na početku može biti vjera kao znanje.

Onda, da bismo pretvorili tu vjeru koja je kao znanje u duhovnu vjeru, mi moramo prakticirati riječi Boga. Kao što je zapisano u Jakovljevoj poslanici 2:22, vjera radi sa čovjekovim radovima, a kao rezultat radova, vjera je usavršena.

Osoba koja voli baseball ne može postati veliki baseball igrač samo zato što čita puno knjiga o baseballu. Ako je on sakupio znanje, on mora proći rigorozan trening prema znanju koje je sakupio, da bi postao veliki baseball igrač. Na isti način, bez obzira koliko čitaš Bibliju, ako tvoja djela ne slijede što čitaš, tvoja vjera će ostati samo vjera koja je kao znanje i ti neće moći imati duhovnu vjeru. Kada staviš što si čuo u djela, tada ti Bog daje duhovnu vjeru- vjeru sa kojom stvarno vjeruješ iz centra svojeg srca.

Pa tada, ako netko stvarno vjeruje iz svojeg srca u riječ Boga koja kaže, "Uvijek se radujte! Bez prestanka se molite! Svemu zahvaljujte", kakvu vrstu djela će on poduzeti? Naravno, on će se radovati u radosnim okolnostima. Ali on će se također radovati kada teške situacije dođu. Sa radosti, on će predati sve u Božje ruke, Bez obzira koliko on zaposlen može biti, on će naći vremena moliti se. I bez obzira kakve okolnosti bile, on će uvijek davati hvalu, vjerujući da će dobiti odgovore na svoje molitve, jer on vjeruje u svemogućeg Boga.

Na taj način, kada mi slušamo Božje riječi, Bog je zadovoljan sa našom vjerom i On oduzima sudove i iskušenja te nam odgovara na molitve tako da, uistinu, mi imamo razloga biti radosni i davati hvalu. Kada se marljivo molimo, odbacujemo neistine iz našeg srca uz pomoć Duha Svetog i djelujemo prema Božjoj Riječi, onda naša vjera kao znanje postaje kao postoje na kojem nam Bog daje duhovnu vjeru.

Ako imamo duhovnu vjeru, mi ćemo slušati Riječ Boga. Kada mi pokušavamo, sa vjerom, staviti u djela nešto što ne možemo učiniti, onda nam Bog pomaže to učiniti. Zato bi primanje financijskih blagoslova trebalo biti jako lagano. Kao što je zapisano u Malahiji 3:10 kada dajemo cijelu desetinu, Bog izlijeva puno blagoslova na nas tako da će se naša skladišta prelijevati! Jer mi vjerujemo da kada sijemo, mi ćemo žeti 30, 60, 100 puta više, mi možemo sijati sa radosti. Na taj način, sa vjerom, pravedni primaju Božju ljubav i blagoslove.

Putovi života sa vjerom

U našim dnevnim životima, mi dolazimo do "Crvenog mora" koje stoji ispred nas, "Grada Jerihona" kojeg treba srušiti i "Rijeke Jordan" koja plavi. Kada ti problemi dođu pred nas, hodanje u istini je življenje sa vjerom. Na primjer, sa tjelesnom vjerom, ako nas netko udari mi ćemo ga željeti udariti nazad ili mrziti drugu osobu. Ali ako imamo duhovnu vjeru, mi nećemo mrziti drugu osobu, nego ćemo ju radije voljeti. Kada imamo tu vrstu žive vjere- vjere koja stavlja Riječi Boga u djela- neprijatelj vrag bježi od nas i naši problemi su riješeni.

Pravedni koji žive sa vjerom će voljeti Boga, slušati i držati Njegove zapovijedi, te djelovati prema istini. S vremena na vrijeme ljudi pitaju, "Kako možemo držati sve zapovijedi?" Kako je jedino ispravno da djeca poštuju svoje roditelje i za supruga i suprugu da vole jedno drugo, ako se mi nazivamo djecom Boga, jedino je ispravno za nas držati Njegove zapovijedi.

Za nove vjernike koji su tek počeli pohađati crkvu, može se činiti na početku teško zatvarati svoju trgovinu nedjeljom. Oni čuju da će ih Bog blagosloviti ako drže cijeli Šabat tako da zatvore svoju trgovinu nedjeljom, ali u to im može biti teško vjerovati na početku. Pa u nekim slučajevima, oni mogu čak ići na jutarnju službu nedjeljom i onda otvoriti svoju trgovinu poslijepodne.

U drugu ruku, za odraslije vjernike, profit im nije problem. Njihov prvi prioritet je slušati riječ Boga, tako da oni mogu poslušati i zatvoriti svoje trgovine nedjeljom. Onda Bog vidi njihovu vjeru i čini da zarade više nego što bi zaradili da su ostavili svoju trgovinu otvorenu nedjeljom. Kao što je Bog obećao, On će ih zaštiti od gubitka i On će ih blagosloviti dobro nabijeno, natreseno i preobilno.

To se također primjenjuje na odbacivanje naših grijeha. Grijesi kao mržnja ljubomora i požuda su teški za odbaciti, ali oni se mogu odbaciti kada se mi vatreno molimo. Iz mojeg osobnog iskustva, sa grijesima koji se ne mogu odbaciti jednostavno sa molitvom, ja ih izbacujem sa postom. Ako post od tri dana nije dovoljan, ja postim pet dana. Ako i to ne uspije, ja pokušam sedam dana, a zatim deset dana. Ja postim dok se grijeh ne izbaci. Onda, vidim da ja sam odbacujem grijeh da izbjegnem post!

Ako izbacimo tih nekoliko grijeha koji su najteži za odbaciti, onda će druge grijehe biti lako odbaciti. To je kao čupanje stabla iz korijenja. Ako iščupamo glavni korijen, svo drugo malo korijenje će izaći s njim.

Ako volimo Boga, držati Njegove zapovijedi neće biti teško. Kako netko tko voli Boga ne drži Njegove riječi? Voljeti Boga znači držati Njegove riječi. Pa ako imaš ljubav za Njega, ti ćeš držati sve Njegove zapovijedi. Jesu li problemi naslagani pred tobom veliki kao Crveno more ili visoki kao zidine grada Jerihona?

Ako posjedujemo duhovnu vjeru, stavimo našu vjeru u djela i hodamo putem pravednosti, onda će Bog riješiti sve naše teške probleme i oduzeti našu patnju. Što više pravedni postanemo, to će brže naši problemi biti riješeni i to ćemo mi brže dobiti odgovore na naše molitve! Pa konačno, ja se nadam da ćeš ti uživati u obilnom životu ne samo u ovom svijetu, nego također u vječnim blagoslovima na Nebu kao i stupati sa vjerom kao pravedna osoba Boga!

Napomena

Misli, teorije i okviri uma

"Misao" je, kroz operacije duše, donositi znanje uskladišteno u memorijsku jedinicu mozga. Te misli se mogu kategorizirati u dva dijela: tjelesne misli koje su protiv Boga i duhovne misli koje su ugodne Bogu. Među znanjem koje je uskladišteno kao naša memorija, ako mi odaberemo ono što je istina, mi ćemo imati duhovne misli. U suprotnom, ako mi odaberemo ono što je neistina, mi ćemo imati tjelesne misli.

"Teorija" je logika koju osoba uspostavlja bazirano na znanju koje je dobila kroz svoje iskustvo, razumijevanje ili edukaciju. Teorija varira u ovisnosti o iskustvu, mislima i eri u kojoj osoba živi. Ona stvara razdore i ponekad ide protiv Riječi Boga.

"Okviri" su mentalni okviri sa kojima osoba misli da je upravu. Ti okviri su napravljeni kad se čovjekova samopravednost otvrdne. Iz tog razloga, za neke ljude sama njihova osobnost je postala okvir, a za neke druge, njihovo znanje i teorije mogu postati okviri. Mi moramo čuti Riječ Boga i shvatiti istinu da bismo otkrili te okvire u našim umovima i pokidati ih.

Poglavlje 8

Za pokornost Krista

"Jer ako i živimo u tijelu, ne borimo se po tijelu, jer oružje naše borbe nije tjelesno nego silno po Bogu za rušenje utvrda, da odbacujemo mudrovanje. I svaku oholost koja se podiže protiv spoznanja Boga i zarobljujemo svaki um na pokornost Kristu; i spremni smo kazniti svaku nepokornost čim bude savršena vaša pokornost."
(2. Poslanica Korinćanima 10:3-6)

Ako mi prihvatimo Isusa Krista i postanemo pravedni ljudi koji posjeduju duhovnu vjeru, mi možemo primiti nevjerojatne blagoslove od Boga. Ne samo da mi možemo davati slavu Bogu radeći Božji rad na moćan način, nego i bilo što za što pitamo u molitvama, On će nam odgovoriti i mi možemo voditi naše živote na uspješan način.

Međutim, postoje neki ljudi koji ispovijedaju da vjeruju Boga, a ipak ne slušaju Riječ Boga i prema tome ne mogu ostvariti pravednost Boga. Oni ispovijedaju da se mole i teško rade za Gospoda, a ipak oni ne primaju blagoslove i stalno su usred sudova, iskušenja i bolesti. Ako osoba ima vjeru, ona bi trebala živjeti prema Božjoj Riječi i primati Njegove obilne blagoslove. Ali zašto vjernici to ne mogu činiti? To je zbog toga što oni nastavljaju zadržavati tjelesne misli.

Tjelesne misli su neprijateljski nastrojene prema Bogu

Izraz "tijelo" se odnosi na tijelo osobe kombinirano sa grešnim prirodama. Te grešne prirode su neistine koje su u srcu osobe, koje se nije izvana otkrilo u djelima. Kada te neistine izađu u obliku misli, te misli se nazivaju "tjelesnim mislima". Kada imamo tjelesne misli, mi ne možemo potpuno slušati istinu. Poslanica Rimljanima 8:7 govori, "...jer mudrost tijela neprijateljstvo je Bogu, jer se ne pokorava zakonu Božjemu, a niti može.".

Onda, točnije, što su tjelesne misli? Postoji dvije vrste misli. Prva su duhovne misli koje nam pomažu djelovati prema istini, ili Božjim zakonima, a druge su tjelesne misli koje nas zadržavaju od djelovanja prema Božjim zakonima (Poslanica Rimljanima 8:6). Birajući između istine i neistine, mi možemo imati ili duhovne misli ili tjelesne misli.

Ponekad kada mi vidimo nekoga koga ne volimo, u jednu ruku, mi možemo imati misli mržnje za tu osobu zbog naših loših osjećaja prema njemu. U drugu ruku, mi možemo imati misli pokušavanja ljubavi za tu osobu. Ako vidimo našeg susjeda koji ima nešto jako lijepo, mi bi mogli imati misli krađe od njega ili misli da ne smijemo žudjeti za onim što susjed ima. Takve misli su u skladu sa zakonom Boga koji kaže "Voli bližnjeg svoga", "Ne žudi", to su duhovne misli. Ali misli koje te provociraju na mržnju i krađu su suprotne Božjem zakonu; i prema tome to su tjelesne misli.

Tjelesne misli su neprijateljske prema Bogu; prema tome one sprječavaju naš duhovni rast i idu protiv Boga. Ako slijedimo tjelesne misli, mi se udaljavamo od Boga, padamo u sekularni svijet i u konačnici se suočavamo sa sudovima i iskušenjima. Postoje mnogo stvari koje mi vidimo, čujemo i naučimo od ovog svijeta. Mnoge te stvari su protiv Božje volje i smetnja su našem hodu u vjeri. Mi moramo shvatiti da su te stvari sve tjelesne misli koje su neprijateljske prema Bogu. I jednom kad otkrijemo te misli, mi ih moramo temeljito odbaciti. Bez obzira koliko ti se ispravne čine, ako nisu u skladu sa Božjom voljom, to su tjelesne misli i prema tome neprijateljske su prema Bogu.

Pogledajmo slučaj Petra. Kada je Isus rekao učenicima o tome kako će On morati otići do Jeruzalema da bude razapet i onda uskrsnuo na treći dan, Petar je rekao, "Bože sačuvaj, Gospodine! Daleko neka bude to od tebe!" (Po Mateju 16:22). Ali onda je Isus rekao, "Stani iza Mene, Sotono! Ti si mi na smetnju. Ne držiš s Bogom, nego s ljudima." (Po Mateju 16:23).

Kao Isusov najbolji učenik, Petar je to rekao iz ljubavi za svojeg učitelja. Ali bez obzira koliko njegove namjere bile dobre, njegove riječi su išle protiv Božje volje. Jer je bila Božja volja za Njega uzeti križ i otvoriti vrata spasenja, Isus je otjerao Sotonu, koji je pokušavao zbuniti Petra kroz njegove misli. U konačnici, kako je on iskusio Isusovu smrt i uskrsnuće, Petar je shvatio kako su beznačajne i neprijateljske tjelesne misli prema Bogu i on je potpuno uništio te misli. Kao rezultat, Petar je postao ključni igrač u širenju evanđelja Krista i građenju prvih crkvi da budu čvrste.

Među svim različitim vrstama tjelesnim misli, "samopravednost" je glavni primjer. Jednostavno rečeno, "samopravednost" je prepirati se da si ti upravu. Nakon što je osoba rođena, ona uči mnoge stvari od svojih roditelja i učitelja. Ona također uči stvari kroz svoje prijatelje i različite okoliše koje ona iskusi.

Ali bez obzira koliko veliki roditelji i učitelji osobe mogu biti, nije lako osobi učiti samo istinu. Vjerojatnije je da će osoba naučiti mnoge stvari koje idu protiv volje Boga. Naravno svatko pokušava naučiti ono što on ili ona misli da je ispravno; međutim, kada se pogleda prema Božjem standardu pravednosti, skoro sve stvari su neistina. Jako malo je istina. To je zbog toga što nitko nije dobar osim samog Boga (Po Marku 10:18; po Luki 18:19).

Na primjer, Bog nam govori da odgovaramo sa dobrim na zlo. On nam govori da ako nas netko prsili ići jednu milju sa njim, mi trebamo ići dvije milje s njim. Ako ti oduzmu kaput, također im daj svoju košulju. On nas uči da je onaj koji služi bolji; i da je onaj koji daje i žrtvuje se pravi pobjednik na kraju. Ali ono što ljudi misle kao "pravednost" je drugačije od osobe do osobe. Oni uče da mi moramo vratiti zlu sa zlom i da mi moramo ustati protiv zla do gorkog kraja dok ne pobijedimo.

Ovdje je jednostavna ilustracija. Tvoje dijete ode do prijateljeve kuće i vrati se kući plačući. Njegovo lice izgleda kao da su ga izgrebali nečiji nokti. U tom trenutku, većina roditelja će postati jako uzrujani i početi grditi svoje dijete. U nekim ozbiljnim slučajevima, roditelj može reći, "Slijedeći put, nemoj samo stajati i primati udarce. Bori se!" Oni uče svoje dijete da je dobivanje batina znak slabosti, ili poraza.

Isto tako, postoje ljudi koji mogu patiti od bolesti. Usprkos tome kako se njihov čuvar može osjećati, oni zahtijevaju ovo i ono, pokušavajući sebi ugoditi. Iz pogleda bolesne osobe, jer je njihova bol velika oni misle da su njihova djela opravdana. Međutim, Bog nas uči da ne tražimo našu korist, nego da tražimo korist drugih. Na taj način su čovjekove i Božje misli drugačije. Ljudski standard pravednost i Božji standard pravednosti se jako razlikuju.

U Postanku 37:2 mi vidimo da je Josip, koji, iz svoje vlastite pravednosti isticao mane svoje braće svojem ocu s vremena na vrijeme. Sa njegovog stajališta, on nije volio bezakonje u djelima svoje braće. Da je Josip imao malo više dobrote u svojem srcu, on bi tražio Božju mudrost i pronašao bolje i mirnije riješenje problema bez stvaranja nelagode za svoju braću. Međutim, zbog njegove samo pravednosti, njega su braća mrzila i prodali su ga u Egipat kao roba. Pa na taj način, ako ti povrijediš drugu osobu zbog toga što ti misliš da je "pravedno", onda ti možeš iskusiti tu vrstu iskušenja.

Međutim, što se dogodilo Josipu, nakon što je shvatio pravednost Boga kroz sudove i iskušenja sa kojima se susreo?

On je odbacio svoju samo pravednost i podigao se do pozicije premijera Egipta i zaradio je autoritet nad mnogim ljudima. On je čak spasio svoju obitelj od velike gladi, uključujući čak i svoju braću koja su ga prodala u ropstvo. On je također iskorišten za postavljanje temelja za temelje nacije Izraela.

Apostol Pavao je pokidao svoje tjelesne misli

U Poslanici Filipljanima 3:7-9 Pavao govori, "Ali što mi god bijaše dobitak, to poradi Krista smatram gubitkom. Štoviše, čak sve gubitkom smatram zbog onoga najizvrsnijeg, zbog spoznanja Isusa Krista, Gospodina mojega, radi kojega sve izgubih i otpadom smatram: da Krista steknem i u njemu se nađem..."

Rođen u Tarzu, glavnom gradu Cilicija, Pavao je bio rimski građanin po rođenju. Imati rimsko državljanstvo koje je tada vladalo svijetom je značilo da on ima veliku socijalnu moć. U dodatku na to, Pavao je bio ortodoksni farizej iz Benjaminovog plemena (Djela apostolska 22:3) i on je studirao pod Gamaelom, najboljim učenjakom tog vremena.

Kao najrevnosniji od Židova, Pavao je bio na čelu progona kršćana. Zapravo, on je bio na svojem putu do Damaska da bi uhitio kršćane koji su bili tamo, kada je susreo Isusa Krista. Kroz taj susret sa Gospodom, Pavao je shvatio svoje greške i spoznao zasigurno da je Isus Krist uistinu Spasitelj. Od tog trenutka nadalje, on je negirao svoju izobrazbu, vrijednost i socijalni status, te je slijedio Gospoda.

Nakon susreta sa Isusom Kristom, koji je razlog zašto je Pavao brojio kao gubitak sve stvari koje su mu dane? On je shvatio da je svo znanje došlo od čovjeka, običnog stvorenja i prema tome bilo je jako ograničeno. On je također spoznao da čovjek može dobiti život i uživati u vječnoj sreći na Nebu vjerujući u Boga i prihvaćajući Isusa Krista, te da je je početak svog znanja i svog shvaćanja, zapravo, Bog.

Pavao je shvatio je njegovo učeno znanje ovog svijeta jedino potrebnu za život u ovom svijetu, ali znanje o Isusu Kristu je najplemenitiji oblik znanja koji može spasiti čovjekov najosnovniji problem. On je otkrio da unutar znanja o poznavanju Isusa Krista, postoji neograničena moć i autoritet, blaga, čast i bogatstva. Jer je imao tako čvrstu vjeru u tu činjenicu, on je smatrao gubitkom i gluposti svo svoje školsko znanje i shvaćanje ovog svijeta. To je bilo da bi dobio Krista i da ga On pronađe.

Ako je netko tvrdoglav i misli, "Ja znam" i on je pun sebe, misleći, "Ja sam uvijek upravu", onda on nikad neće moći otkriti svoje pravo sebe i uvijek će misliti da je najbolji. Ovaj tip osobe neće slušati druge sa poniznim srcem; prema tome ona ne može naučiti ništa i ona ne može shvatiti ništa. Međutim, Pavao je sreo Isusa Krista, najvećeg učitelja svog vremena. I da bi učinio Njegova učenja svojima, on je odbacio sve svoje tjelesne misli koje je on smatrao potpuno točnima. To je zbog toga što se Pavao morao riješiti svojih tjelesnim misli da bi dobio plemenito znanje Krista.

Prema tome, apostol Pavao je mogao ostvariti pravednost koja udovoljava Bogu, kao što je on ispovjedio "ne svojom pravednošću, onom od Zakona, nego pravednošću po vjeri u Krista, onom od Boga, na vjeri utemeljenoj" (Poslanica Filipljanima 3:9).

Pravednost koja dolazi od Boga

Prije susreta sa Gospodom, apostol Pavao se strogo držao Zakona i on se smatrao pravednim. Ali nakon susreta sa Gospodom i primanja Duha Svetog, on je otkrio svog pravog sebe i ispovjedio, "Isus Krist dođe na svijet spasiti grešnike, od kojih sam prvi ja" (1. poslanica Timoteju 1:15). On je shvatio da on ima i izvorni grijeh i samopočinjene grijehe/ prave grijehe i da on još uvijek mora ispuniti pravu, duhovnu ljubavi. Da je on od početka bio pravedan i da je on hodao u vjeri koja je bila ugodna Bogu, on bi prepoznao tko je Isus bio i služio Mu od početka. Međutim, on nije prepoznao Spasitelja i umjesto toga je preuzeo ulogu u progonu onih koji su vjerovali u Isusa. Pa zapravo, on nije bio drugačiji od farizeja koji su pribili Isusa na križ.

U vrijeme Starog Zavjeta, oni su morali vraćati oko za oko i zub za zub. Prema Zakonu, ako netko počini ubojstvo ili preljub, on je bio kamenovan do smrti. Ali farizeji nisu shvaćali pravo srce Boga koje je sadržano u Zakonu. Zašto bi Bog ljubavi stvorio takvo pravilo?

U vrijeme Starog Zavjeta, Duh Sveti nije ušao u srca ljudi. Bilo im je teže kontrolirati svoja djela od onih koji su primili Duha Svetog, Pomagača, u vrijeme Novog Zavjeta. Prema tome, grijeh se mogao širiti jako brzo ako ne bi bilo kazne nego samo oprosta. Iz tog razloga, da bi spriječio ljude u počinjenju grijeha i da bi spriječio grijeh od širenja, oni su morali platiti živog za život, oko za oko, zub za zub i nogu za nogu. Isto tako, ubojstvo i preljub su ozbiljno zli grijesi, čak i sa samo sekularnim standardima. Osoba koja počini takve tipove grijeha ima srce koje je jako otvrdnuto. Bilo bi jako teško za takvu osobu okrenuti se sa svojih putova. Pa, pošto ona ne može primiti spasenje i ona ide svejedno u Pakao, bilo bi bolje za nju da bude kamenovana i dopustila da kazna služi kao upozorenje i lekcija za druge ljude.

I ovo je Božja ljubav, ali Bog nikad nije namjeravao ili želio da čovjek ima legalistički oblik vjere gdje osoba mora platiti oko za oko i zub za zub. U Ponovljenom zakonu 10:16 Bog kaže, "Zato obrežite srce svoje i ne budite više tvrdovrati!" I u Jeremiji 4:4 kaže, "Obrežite se Gospodu i skinite okrajak sa srca svojega, ljudi Judini, stanovnici Jerusalema! Inače bukne kao oganj jarost moja i razgori se - i nitko ne može ugasiti - zbog zloće djela vaših."

Ti možeš vidjeti da čak i u vrijeme Starog Zavjeta, ti proroci koje je Bog prepoznao nisu imali legalističku vjeru. To je zbog toga što Bog stvarno želi duhovnu vjeru i suosjećanje. Baš kao što je Isus Krist ispunio Zakon sa ljubavi, ti proroci i praoci koji su primili Božju ljubav i blagoslove su tražili ljubav i mir.

U Mojsijevom slučaju, kada su sinovi Izraela stajali na korak do smrti zbog počinjenja neoprostivog grijeha, On je posredovao za njih pitajući Boga da izmjeni svoje spasenje za njih. Međutim, Pavao, nije bio takav prije nego je sreo Isusa Krista. On nije bio pravedan u Božjim očima. On je bio pravedan u svojim vlastitim očima.

Samo nakon susreta sa Kristom on je smatrao gubitkom sve što je prije znao i on je počeo širiti plemenito znanje Krista. Iz njegove ljubavi za duše, Pavao je sadio crkve gdje god je stao i on je žrtvovao svoj život za evanđelje. On je živio najvrjednijom i najdostojnijom vrstom života.

Šaul ne sluša Boga sa tjelesnim mislima

Šaul je glavni primjer čovjeka koji se postavio protiv Boga zbog svojih tjelesnih misli. Pomazao ga je prorok Samuel, Šaul je bio prvi kralj Izraela koji je vladao nacijom 40 godina. Prije nego je postao kralj, on je bio ponizan čovjek. Nakon što je postao kralj, on je polako postajao sve više i više ponosan. Na primjer, kada se Izrael spremao ići u rat sa Filistejcima i prorok Samuel nije došao u dogovorno vrijeme, te su se ljudi počeli razilaziti, iako je samo svećenik trebamo prinijeti žrtvu na oltar, Šaul je prinio žrtvu sam, prema svojoj volji, djelujući protiv volje Boga. I kada ga je Samuel prekorio jer nije imao obzira prema svetim granicama svećenika, umjesto pokajanja, Šaul je brzo smišljao izlike.

I kada mu je Bog rekao da "potpuno uništi Amelečane", on nije poslušao. On je umjesto toga zarobio kralja. Čak poštedio izbor stoke i vratio ih kući. Jer je on dozvolio da njegove tjelesne misli uđu, stavioje svoje vlastite misli ispred Božjih riječi. A ipak je tražio od svojih ljudi da ustanu. Konačno, Bog je okrenuo Svoje lice od njega i njega su zli duhovi mučili. Ali čak i pod tim okolnostima, odbijao se okrenuti od zla i pokušao je ubiti Davida, onoga kojeg je Bog pomazao. Bog je dao Šaulu mnogo šansi za okretanje, ali on nije mogao odbaciti svoje tjelesne misli i još jednom, nije poslušao Boga. U konačnici, on je otišao putem smrti.

Put ispunjenja Božje pravednosti kroz vjeru

Onda kako možemo odbaciti naše tjelesne misli koje su neprijateljske prema Bogu i postati pravedni u očima Boga? Mi moramo uništiti sve spekulacije i svaku uzvišenu stvar koja se uzdigla protiv znanja Boga i zarobiti svaku stvar prema poslušnosti Krista (2. poslanica Korinćanima 10:5).

Slušati Krista ne znači biti okovan ili unesrećen. To je put blagoslova i vječnog života. Zato oni koji su prihvatili Isusa Krista kao svojeg Spasitelja i iskusili su veličanstvenu ljubav Boga slušaju Njegovu Riječ i pokušavaju oponašati Njegovo srce.

Pa, da bismo ostvarili pravednost Boga kroz vjeru u Isusa Krista, mi moramo odbaciti svaki oblik zla (1. poslanica Solunjanima 5:22) i tražiti ostvarivanje dobrote. Nećeš imati tjelesne misli ako nemaš neistine u svojem srcu. Ti primaš radove Sotone i ideš zlim putem onoliko koliko imaš neistina u sebi. Prema tome, slušati Krista znači odbacivati neistine iz nas i djelovati prema Božjoj Riječi.

Ako nam Bog kaže da "posvetimo se susretima jedni s drugima", onda bez ubacivanja svojih misli, mi bismo trebali posvetiti sebe za susrete skupa. Mi moramo ići na službe, trebali bismo razumjeti Božje načine i slušati prema tome. Međutim, samo zato što znamo Riječ Boga to ne znači da mi možemo odmah staviti u praksu. Mi se moramo moliti da bismo dobili snagu staviti Riječi u djela. Kada se molimo, moramo postati puni Duha Svetog i onda odbaciti tjelesne misli. Ali ako se ne molimo, naše tjelesne misli će nas zauzeti i voditi nas do zastranjivanja.

Prema tome, mi bismo se trebali moliti dok se marljivo

trudimo živjeti prema Riječi Boga. Prije nego smo susreli Isusa Krista, možda smo slijedili želje tijela govoreći, "odmorimo se, uživajmo, pijemo, jedimo i budimo veseli". Ali nakon susreta sa Isusom Kristom, mi bismo trebali meditirati na to kako mi možemo ispuniti Njegovo kraljevstvo i Njegovu pravednost, te bi trebali teško raditi da bismo stavili našu vjeru u djela. Mi bismo trebali otkriti i odbaciti naša zla kao što su mržnja i ljubomora koji su suprotni Božjoj Riječi. Mi bismo trebali činiti što je Isus činio- voljeti naše neprijatelje i spuštati se dok služimo drugima. Onda, to znači da mi ostvarujemo pravednost Boga.

Ja se nadam da ćeš ti moći uništiti spekulacije i svaku uzvišenu stvar koja naraste protiv znanja Boga, te uzeti svaku misao zarobljenu prema poslušnosti Krista baš kao što je to apostol Pavao činio, tako da ti možeš primiti mudrost i shvaćanje od Boga i postati pravedna osoba koja uspijeva u svim stvarima.

Napomena

Pravednost vjerom, poslušnost i djela

Pravednost vjere je gledanje pozitivnog ishoda sa očima vjere umjesto jednostavnog gledanja stvarnost kakva je vjerujući u Božju Riječ. To je pouzdanje ne u vlastite misli i sposobnosti, nego samo u Božju Riječ.

Pravednost poslušnosti nije samo slušanje zapovijedi koje osoba može izvršiti sa svojom vlastitom snagom. To je, unutar granica vjere, slušanje čak i ako je zapovijed nemoguće izvršiti prema mišljenju osobe. Ako osoba ima pravednost vjere ona može također ispuniti pravednost poslušnosti. Osoba koja je ispunila pravednost poslušnosti bazirano na njenoj pravednosti vjere može slušati sa vjerom, čak i u okolnostima koje su realno nemoguće.

Pravednost djela je sposobnost djelovati prema Božjoj volji bez stvaranja izlika, sve dok je to nešto što Bog želi. Kapacitet da se iznese pravednost djela razlikuje se za svaku osobu u ovisnosti o karakteru lađe i karakteru srca osobe. Što više osoba zanemaruje svoju korist i traži korist drugih, to više ona može ispuniti ovaj tip pravednosti.

Poglavlje 9

Onaj kojem Gospod zapovijeda

"Jer nije onaj prokušan, koji sam sebe preporučuje, nego onaj, kojega Gospodin preporučuje."
(2. Poslanica Korinćanima 10:18)

Bez obzira u kojem smo polju, ako smo izvrsni u tome što radimo, mi možemo primiti pohvale. Međutim, postoji razlika između kada te hvali neka nasumična osoba i kada te hvali stručnjak iz istog polja u kojem si i ti. Pa ako te naš Gospod, Kralj kraljeva, Gospod gospoda prizna, onda se ta radost ne može usporediti s ničim na ovom svijetu!

Onaj kojem Gospod zapovijeda

Bog hvali one ljudi čija su srca pravedna i koji nose aromu Krista. U Bibliji, nema puno slučajeva gdje Isus iznosi hvalu.

Ali kad On to čini, ne radi to izravno nego On radi indirektno govoreći nešto kao, "Učinio si ispravnu stvar." "Zapamti to." "Širi to."

Po Luki poglavlje 21, mi vidimo siromašnu udovicu koja prinosi dva malena novčića. Isus hvali tu udovicu jer je prinjela sve što ima, govoreći, "Uistinu, kažem vam: ova je sirota udovica ubacila više od sviju. Svi su oni zapravo među darove ubacili od svog suviška, a ona je od svoje sirotinje ubacila sav žitak što ga imaše" (s.3-4).

Po Marku poglavlje 14 mi nailazimo na scenu gdje žena izlijeva skupu pomast na Isusovu glavu. Neki ljudi ju mogu prekoriti govoreći, "Mogla se pomast prodati za više od tristo denara i dati siromasima" (s.5). Na to, Isus kaže, "Pustite je, što joj dodijavate? Dobro djelo učini na meni. Ta siromaha svagda imate uza se i kad god hoćete možete im dobro činiti, a mene nemate svagda. Učinila je što je mogla: unaprijed mi pomaza tijelo za ukop. Zaista, kažem vam, gdje se god bude propovijedalo evanđelje, po svem svijetu, navješćivat će se i ovo što ona učini - njoj na spomen." (s.6-9).

Ako želiš da te tako Gospod pohvali, onda ti prvo moraš učiniti ono što moraš učiniti. Pa sada, prostudirajmo u detalje o tim stvarima koje trebamo učiniti kao ljudi Boga.

Biti Bogom odobren

1) Marljivo gradi oltar pred Bogom

Postanak 12:7-8 kaže "Jahve se javi Abramu pa mu reče: 'Tvome ću potomstvu dati ovu zemlju.' Abram tu podigne žrtvenik Jahvi koji mu se objavio. Odatle prijeđe u brdoviti kraj, na istok od Betela. Svoj šator postavi između Betela na zapadu i Aja na istoku. Ondje podigne žrtvenik Jahvi i zazva ime Jahvino." Nadalje, u Postanku 13:4 i 13:18 je također zapisano da je Abraham gradio oltar pred Bogom.

U Postanku poglavlje 28. mi vidimo da je zapisano kako je Jakob gradio oltar pred Bogom. Dok je bježao od svojeg brata koji ga je želio ubiti, Jakob je došao do mjesta gdje je zaspao sa kamenom pod svojom glavom. U snu, on je vidio ljestve koje idu do neba i on je vidio kako anđeli Boga idu gore i dolje po ljestvama, te je on čuo glas Boga. Kada se probudio slijedećeg jutra, Jakob je uzeo kamen koji je koristio kao jastuk, podigao ga kao stup, prelio ulje preko njega i tu hvalio Boga.

U današnjim terminima, gradnja oltara pred Bogom je jednaka odlasku u crkvu i prisustvovanju na službi. To znači prinositi iskren prinos sa svim našim srcem dok dajemo hvalu; to znači slušati Riječ Boga i unositi je kao hranu za naša srca. To znači uzimati riječ koju smo čuli i stavljati ju u djela. Na taj način, dok mi služimo u duhu i istini, te dok mi prakticiramo Riječ, Bog je zadovoljan sa nama i vodi nas do života blagoslova.

2) podizati molitve koje Bog želi čuti

Molitva je duhovno disanje. To je komunikacija sa Bogom. Važnost molitve je naglašena u mnogim mjestima kroz Bibliju.

Naravno čak i ako Mu ne kažemo svaki mali detalj, On to već sve zna. Međutim, jer On želi komunicirati sa nama i dijeliti svoju ljubav sa nama, Bog nam je ovo obećao po Mateju 7:7, "Ištite i i dat će vam se!"

Da bi naše duše uspijevale i išle na Nebo, mi se moramo moliti. Samo kada smo ispunjeni sa milosti, moći Boga i punoće Duha Svetog, mi možemo odbacit tjelesne misli koje su suprotne istine i mi možemo postati ispunjeni sa Božjom Riječi, istinom. Isto tako, mi se moramo moliti da bismo postali ljudi istine, ljudi duha. Moleći se, sve stvari će uspijevati za nas i mi ćemo biti dobrog zdravlja dok naše duše također uspijevaju.

Svi ljudi koje je Bog volio i priznao su bili ljudi koji su se molili. 1. Saumelova 12:23 kaže, "A od mene neka je daleko da zgriješim Jahvi prestajući moliti." Da bismo primili nešto od Boga što nije moguće sa ljudskom moći, mi moramo komunicirati sa Bogom. Daniel, Petar i apostol Pavao su svi bili ljudi koji su se molili. Isus se molio rano ujutro i ponekad cijele noći. Priča o tome kako se On molio dok Njegov znoj nije postao kao kapljice krvi na Getsemani je jako poznata.

3) Imati vjeru za primiti odgovore

Po Mateju poglavlje 8, centurion dolazi Isusu. U to vrijeme Izrael je bio pod Rimskom okupacijom. Centurion rimske vojske bi bio jednak visoko rangiranom vojnom časniku u današnje vrijeme. Centurion je pitao Isusa da ozdravi njegovog slugu koji je patio od paralize. Isus je vidio ljubav i vjeru centuriona, pa je On odlučio ozdraviti njegovog slugu.

Ali centurion je izrekao povu ispovijed vjere, "Gospodine, nijesam dostojan, da uđeš pod krov moj; nego samo reci riječ, i ozdravit će sluga moj. Ta i ja, premda sam čovjek pod vlašću, imam pod sobom vojnike pa reknem jednomu: 'Idi!' - i ode, drugomu: 'Dođi!' - i dođe, a sluzi svomu: 'Učini to' - i učini." (Po Mateju 8:8-9).

Videći centurionovu vjeru i poniznost kao nešto prevrijedno, Isus je rekao, "Zaista, kažem vam, tolike vjere ne nađoh u Izraelu" (v.10). Mnogi ljudi žele imati takvu vrstu vjere, ali mi ne možemo samo imati takvu vrstu vjere kako želimo. Što više dobrote imamo u našem srcu i što više stavimo Božju Riječ u djela, toliko više možemo imati tu vrstu vjere koju nam Bog daje. Jer je centurion imao dobro srce, ono što je čuo i vidio o Isusu, on je samo vjerovao. Na taj način, Bog zapovijeda svima koji vjeruju da stavljaju tu vjeru u djela i Bog radi prema njihovoj vjeri.

4) Imati ponizno srce pred Bogom

Po Marku poglavlje 7, Sirofeničanka je došla pred Isusa sa poniznim srce, želeći da On ozdravi njenu demonom opsjednutu kćer. Kada Ga je žena pitala da joj ozdravi kći, Isus je odgovorio, "Pusti da se prije nasite djeca! Nepriliči uzeti kruh djeci i baciti ga psićima." (s.27). Žena se nije naljutila ili se osjećala povrijeđeno, iako je uspoređena sa psom.

Jer je ona bila ispunjena sa velikom željom primiti odgovore bez obzira na što i zbog toga što je ona vjerovala u Isusa, koji je bio sama Istina, ona se ponizila na ponizan način i nastavila je tražiti, "Da, Gospodine! Ali i psići ispod stola jedu od mrvica dječjih" (s.28). Isus je bio pokrenut sa njenom vjerom i poniznosti da joj je On odgovorio na njen zahtjev govoreći "Zbog te riječi idi, izišao je iz tvoje kćeri zloduh" (s.29). Mi moramo imati takvu vrstu poniznost pred Bogom dok tražimo i molimo se.

5) Sadi sa vjerom

Sijati sa vjerom je također dio pravednosti, koju Bog zapovijeda. Ako želiš postati bogat, sadi prema zakonu sijanja i žetve. To je najprimjenjivije kad se dođe do davanja desetine i prinosa zahvalnosti. Čak i kad pogledamo na zakone prirode, mi možemo vidjeti da ćeš požeti što posiješ. Ako siješ pšenicu, ti ćeš žeti pšenicu, a ako sadiš grah, žeti ćeš grah. Ako siješ malo, ti ćeš žeti malo, a ako siješ puno, ti ćeš žeti puno. Ako siješ u plodnom tlu, ti ćeš žeti dobre plodove; a što ti teže obrezuješ i održavaš, to bolji usjev ćeš požeti.

Prinos koji prinesemo Bogu se koristi za spašavanje zadnjih duša, gradnju crkvi i podupiranje misija, te za pomoć potrebitima. Zbog toga mi možemo izraziti našu ljubav za Boga kroz prinose. Prinosi se koriste za ispunjenje Božjeg kraljevstva i Njegovu pravednost, pa Bog prima te prinose sa radosti i blagoslivlja nas vraćajući nam 30, 60, 100 puta više. Što Bogu Stvoritelju manjka da nam On kaže da Mu moramo prinositi? On nam daje mogućnost žeti što smo posijali i primiti Njegove blagoslove!

Kao što je zapisano u 2. poslanici Korinćanima 9:6-7, "Ta eno: tko sije oskudno, oskudno će i žeti; a tko sije obilato, obilato će i žeti. Svatko neka dade kako je srcem odlučio; ne sa žalošću ili na silu jer Bog ljubi vesela darivatelja."

6) Pouzdaj se i vjeruj Bogu cijelo vrijeme

David je uvijek pitao Boga, pa ga je Bog vodio njegovim putom i pomagao mu izbjeći različite poteškoće. David je pitao Boga, "Trebam li to učiniti, ili trebam li to učiniti?" posebno o skoro svemu i on je djelovao prema Njegovim uputama (1. Samuelova poglavlje 23). Zbog toga je on mogao pobijediti u tako mnogo bitki. Zbog toga Bog voli onu Svoju djecu koja Mu uvijek vjeruju i pitaju Ga za upute. Međutim, ako nazivamo Boga "Oče", a ipak vjerujemo svijetu ili našem vlastitom znanju više nego Bogu, onda nam Bog ne može pomoći.

Što smo više u istini, to mi više pitamo Boga i to nam više Gospod može zapovijedati. U svemu što činimo, mi bismo trebali imati mudrost najprije tražiti Boga i onda čekati primiti Njegovo odgovor i vodstvo.

7) Slušati Božju Riječ

Jer nam Bog zapovijeda "Svetkuj dan Gospodnji", mi bismo trebali ići u crkvu, slaviti, družiti se sa kolegama vjernicima i provesti dan na svet način. I jer nam On zapovijeda, "Uvijek se raduj i daj hvalu u svemu", mi bismo se trebali radovati i biti zahvalni bez obzira kakve okolnosti dođu na naš put. Ljudi koji tako drže Njegove zapovijedi u svojim srcima i slušaju, primaju blagoslove da su uvijek u Božjoj prisutnosti.

Kroz poslušnost, Petar, Isusov učenik, je naišao na čudesan događaj. Da bi platio porez hramu, Isus je rekao Petru da "idi na more, baci udicu i uzmi prvu ribu, koju uhvatiš! Otvori joj usta i naći ćeš novac. Uzmi ga i podaj im za me i za se!" (Po Mateju 17:27-27). Da je Petar odbio vjerovati Isusovim riječima i nije otišao na more upecati ribu, onda on ne bi iskusio taj čudesan događaj. Ali Petar je poslušao i bacio udicu i onda je on mogao iskusiti veličanstvenu moć Boga.

Svi radovi vjere zapisani u Bibliji su slični na taj način. Kada Bog radi, On radi prema mjeri vjere svake osobe. On neće gurati nekog sa malom mjerom vjere da se podčini iznad svoje sposobnosti. On mu prvo daje priliku iskusiti Njegovu moć slušajući nešto malo, a onda mu On daje malo više duhovne vjere kroz to. Pa slijedeći puta, on će Ga moći poslušati u nečem malo većem.

Prikucaj svoje strasti i želje na križ

Do sada smo studirali o stvarima koje moramo učiniti da bismo bili priznati, komunicirali i bili naglašeni kao pravedni pred Bogom. Nadalje, mi moramo pribiti naše tjelesne strasti i želje na križ, Bog smatra to kao pravednim i zapovijeda nam. Ali zašto bi se strasti i želje smatrale kao grijeh? Poslanica Galaćanima 5:24 kaže, "Koji su Kristovi, razapeše tijelo sa strastima i požudama." Govori nam da bismo trebali hrabro odrezati te stvari.

"Strast" je davanje i primanje nečijeg srca. To je bliskost koja se osjeti za nekog dok ga upoznaješ i gradiš vezu sa njim. To nije istina samo za dvoje ljudi koji se zavode, nego također sa obitelji, prijateljima i susjedima. Ali zbog tih "strasti", mi možemo lako postati pristrani i uskogrudni. Na primjer, većina ljudi ne oprašta kada susjed napravi malu grešku, ali kad njihovo dijete učini istu grešku, oni lako opraštaju i shvaćaju. Ali te vrste tjelesnih strasti ne pomažu naciji, obitelji ili osobi čvrsto stajati u pravednosti.

"Želje" su iste. Čak je i David, kojeg je Bog tako puno volio, završio u počinjenju ozbiljnog grijeha ubojstva nevinog supruga Bet Šabe, da bi sakrio činjenicu da je izvršio preljub sa njom. Ovo je način na koji tjelesne strasti i želje rađaju grijeh, a grijeh vodi na put smrti. Kada je grijeh počinjen, grešnik će zasigurno primiti odmazdu.

U Jošui poglavlje 7, mi pronalazimo tragičan događaj koji se dogodio kao rezultat tjelesne želje jednog čovjeka. Nakon Izlaska iz Egipta, tijekom procesa pokoravanja zemlje Kaanan, Izraelci su prešli Jordan i odnijeli su veliku pobjedu protiv grada Jerihona. Međutim, nakon toga, oni su poraženi u bitci protiv grada Aia. Kada su Izraelci pogledali u uzrok tog poraza, oni su otkrili da je čovjek imenom Ahan požudio i sakrio plašt i nešto zlata i srebra od stvari koje su uzete iz grada Jerihona. Bog je zapovjedio Izraelcima da ne uzimaju ništa što je osvojeno u Jerihonu za njihovu osobnu dobit, ali Ahan nije poslušao.

Zbog Ahanovog grijeha, mnogi Izraelci su morali patiti; i u

konačnici, Ahan i njegova djeca su svi bili kamenovani na smrt. Samo malo kvasca kvasi cijeli kruh, jedan čovjek, Ahan, je mogao prouzrokovati da cijela zajednica Izraela propadne. Zato se Bog obračunao sa njim tako strogo. Naša prva misao može biti, "Kako Bog može osuditi nekog na smrt samo što je ukrao jedan plašt i nekoliko komada zlata i srebra?" Međutim, postoji pravedan razlog zašto se to dogodilo.

Ako ratar, nakon što je završio sijanje, vidi nešto korova na zemlji i pomisli, "Oh, to je samo jedno ili dva..." i onda ih ostavi, ubrzo, korov će narasti i proširiti se, te ugušiti usjeve. Onda ratar neće moći požeti dobre usjeve. Strasti i želje su kao korovi, pa oni postaju prepreke na putu do Neba i do načina za primanje odgovora od Boga. Oni su bolne i uzaludne prepreke koje nemaju dobru svrhu. Zato nam Bog kaže da, "pribijemo te stvari na križ".

U drugu ruku, Asa, treći kralj južnog kraljevstva Judeje, je strogo odrezao svoje strasti i želje, prema tome udovoljavajući Bogu (1. Kraljevima poglavlje 15). Kao njegov predak, David, ono što je Asa učinio bilo je ispravno u vidu Boga i odstranio je sve idole iz svojeg kraljevstva. Kada je njegova majka, Maaka, stvorila sliku Ašera, on je otišao tako daleko da ju je odstranio sa mjesta kraljice majke. On je onda izrezao sliku i spalio ju pored potoka Kidron.

Ti možeš misliti da je Asa djelovao previše ekstremno odstranjujući svoju majku sa trona samo zato što je slavila idola i ti možeš misliti da Asa nije dobar sin. Međutim, Asa se ponio na taj način jer je tražio od svoje majke mnogo puta da prestane štovati idole. Međutim, ona ga nije poslušala. Ako pogledamo na tu situaciju kroz duhovne oči, razmatrajući Maakinu poziciju, njeno idolopoklonstvo je bilo kao da cijela nacija slavi idole. To je moglo u konačnici uzrokovati da Božji bijes padne na cijelu naciju. Zbog toga je Bog pohvalio Asina djela rezanja njegovih tjelesnih strasti za svoju majku. On je to prepoznao kao pravedno, da bi spriječio da mnogi ljudi griješe protiv Boga.

Sad do ne znači da je Asa odrekao svoje majke. On ju je jednostavno maknuo sa pozicije kraljice majke. Kao njen sin, on ju je nastavio voljeti, poštovati ju i služiti ju. Na isti način, ako netko slučajno ima roditelje koji slave lažne bogove ili idole, on bi trebao činiti sve što može da dodirne njihova srca čineći sve što sin može. S vremena na vrijeme, tražeći Boga za mudrost, on će širiti evanđelje sa njima i poticati ih da se riješe svojih idola. Onda će Bog biti zadovoljan.

Praoci koji su bili pravedni pred Bogom

Bog zapovijeda potpunu poslušnosti. On također pokazuje Svoju moć onima koji djeluju u potpunoj poslušnosti. Vrsta poslušnosti koju Bog priznaje je slušanje čak i kada se čini nemoguće. U 2. Kraljevima poglavlje 5. mi vidimo zapis o zapovjedniku vojske kralja Aramam, Naamanu.

General Naama je otišao u svoju susjednu državu da bi posjetio proroka Elizeja u nadi da će ga ozdraviti od kuge. On je uzeo sa sobom mnogo darova, čak i pismo od kralja. Međutim, kad je tamo došao, Elizej ga nije htio niti susresti. Umjesto toga, Elizej je poslao glasnika da mu kaže da se ode oprati u Jordan sedam puta. Osjećajući se uvrijeđeno, Naaman se pokušao okrenuti i vratiti se kući. Ali na nagovor svojeg sluge, Naaman je ostavio svoj ponos i poslušao. On se oprao u Jordanu sedam puta. Sigurno je bilo jako teško za čovjeka odmah iz kralja Arama napustiti svoj ponos i na takav način poslušati, nakon što ga je tako Elizej tretirao.

Sad, Elizej je učinio što je učinio jer je znao da će Bog ozdraviti ako Naaman prvo pokaže svoju vjeru kroz poslušnost. Bog, koji je zadovoljan sa našom poslušnosti kao suprotno žrtvovanju, uzeo je radost u Naamanovom djelu vjere i potpuno ga ozdravio od njegove kuge. Bog smatra poslušnost kao veliku vrlinu i On jako uživa u ljudima koji djeluju pravednosti.

Bog također jako puno uživa u vjeri onih ljudi koji ne traže svoju korist i koji ne rade kompromise sa svijetom. U Postanku poglavlje 23, kada je Abraham želio pokopati Saru u spilju Makpel, vlasnik je pokušao dati zemlju Abrahamu besplatno. Međutim, Abraham ju nije želio prihvatiti. Abraham nije imao vrstu srca koja traži svoju korist. Zbog toga je želio platiti točnu cijenu zemlje prije nego ju uzme u vlasništvo.

I kada je Sodoma poražena u ratu i njegov nećak Lot je bio zarobljen, Abraham nije spasio samo svojeg nećaka, nego je također spasio druge koji su bili iz Sodome i on im je vratio njihova imanja. Kada mu je kralj Sodome pokušao platiti kao iskaz zahvalnosti zbog toga što je učinio, Abraham je odbio. On nije ništa prihvatio. Jer je njegovo srce bilo pravedno, on nije imao nimalo pohlepe, ili nije želio uzeti ništa što nije pripadalo njemu.

U Danielu poglavlje 6. mi vidimo da je Daniel jako dobro znao da će biti ubijen ako se bude molio Bogu zbog onih koji su se urotili protiv njega. Ali usprkos tomu, on je održao svoju pravednost pred Bogom jer se nije prestao moliti. On nije radio kompromise čak ni na trenutak da si spasi život. Zbog tog djela, on bačen je u lavlju jazbinu. Ali on nije ozlijeđen, potpuno je zaštićen. On je svjedočio živog Boga i slavio Ga.

Iako je on pogrešno optužen i poslan u zatvor bez razloga, Josip nije prigovarao ili zamjerao protiv bilo koga (Postanak poglavlje 39). On se održao čistim, nije radio kompromise sa neistinom i samo je slijedio put pravednosti. Pa u Božje vrijeme i način, on je oslobođen iz zatvora i došao je na časnu poziciju premijera Egipta.

Mi moramo služiti Bogu i moramo postati pravedni pred Bogom čineći što se zahtjeva od nas. Mi također moramo udovoljiti Bogu čineći stvari koje će Gospod zahtijevati od nas. Kada mi to činimo, Bog će nas uzvisiti, odgovorit na želje naših srca i voditi nas do uspješnog života.

Napomena

Razlika između "Abram" i "Abraham"

"Abram" je izvorno ime Abrahama, oca vjere (Postanak 11:26).

"Abraham", što znači "otac mnogih naroda", je ime koje je Bog dao Abramu, da bi učinio zavjet blagoslova sa njim (Postanak 17:5). Nakon tog zavjeta on je postao izvor blagoslova kao otac vjere. I on je nazivan "prijatelj Boga".

Blagoslovi koji su nabijeni, protreseni i prelijevaju se, te blagoslovi 30, 60 i 100 puta veći

Mi primamo blagoslove od Boga prema mjeri koliko Mu mi vjerujemo i stavljamo Njegovu Riječ u djela u našim životima. Iako još nismo odbacili sve naše grešne prirode iz naših srca, kada mi sijemo i tražimo sa vjerom, mi primamo blagoslove koji su nabijeni, protreseni i prelijevaju se, koji su više od dva puta već nego smo ih posijali (po Luki 6:38). Ali ako postanemo posvećeni i odemo u duh trudeći se protiv grijeha do točke prolijevanja krvi da bi ih potpuno odbacili, onda mi možemo požeti blagoslove koji su više od 30 puta veći. I ako idemo dalje u cijeli duh, mi možemo žeti blagoslove koji su 60 ili čak 100 puta veći.

Poglavlje 10

Blagoslovi

"Jahve reče Abramu: Idi iz zemlje svoje i od roda svojega i iz doma oca svojega u zemlju, koju ću ti pokazati; jer učinit ću te velikim narodom, i blagoslovit ću te, i uveličat ću ime tvoje; i ti ćeš biti blagoslov. Blagoslovit ću one, koji tebe blagoslivljaju, i proklet ću one, koji tebe proklinju; Abram se zaputi kako mu je Jahve rekao. S njime krenu i Lot. Abramu je bilo sedamdeset i pet godina kad je otišao iz Harana."
(Postanak 12:1-4)

Bog želi blagosloviti ljude. Ali postoje slučajevi gdje Bog izabire nekog za blagosloviti i postoje slučajevi gdje osoba bira svoje vlastite da bi ušla unutar granica Božjeg blagoslova. Neki ljudi izabiru ući u Božje blagoslove, ali onda odu. I onda postoje oni koji nemaju ništa sa blagoslovima. Pogledajmo prvo na slučaj gdje Bog odabire nekog za blagosloviti.

Abraham, otac vjere

Bog je prvi i posljednji, početak i kraj. On je dizajnirao tok povijesti čovječanstva i On također nastavlja voditi. Recimo na primjer da mi gradimo kuću. Osmislili smo dizajn pretpostavljajući koliko će izgradnja trajati, kakvi materijali će se koristiti, koliko čelika treba i koliko betona treba i koliko stupova ćemo mi trebati. Pa ako bismo mi pogledali na povijest čovječanstva kao Božju kuću, postoji nekoliko ključnih osoba koji su kao "stupovi" Božje kuće.

Da bi izvršili Njegovu providnost, Bog je odabirao određene ljude koji će reći drugima da je Bog uistinu živi Bog i da Nebo i Pakao stvarno postoje. Zato je Bog odabrao te ljude da djeluju kao stupovi. I mi možemo vidjeti da su oni dosta drugačiji od običnih ljudi u terminima sastava njihovih srca i njihove strasti za Boga. Jedan od tih ljudi je Abraham.

On je živio prije otprilike četiri tisuće godina. Rođen je u Kaldejskom Uru. Ur je drevni Sumeranski grad koji se nalazi nizvodno i na zapadnoj obali Eufrata u kolijevci Mezopotamijske civilizacije.

Abrahama je Bog toliko volio i priznao da je on nazivan "prijateljem Boga". On je uživao u svim oblicima blagoslova od Boga uključujući potomke, bogatstvo, zdravlje i duh život. Ne samo to, nego je Bog također rekao u Postanku 18:17, "Zar da sakrivam od Abrahama što ću učiniti?" Bog je jasno otkrio Abrahamu čak i događaje koji će se dogoditi u budućnosti.

Bog smatra vjeru kao pravednost i daje Svoje blagoslove

Što misliš što je Bog vidio u Abrahamu da Ga je udovoljilo tako mnogo da je On izlio toliko blagoslova na njega? Postanak 15:6 kaže, "Abram povjerova Jahvi, i on mu to uračuna u pravednost." Bog smatra Abrahamovu vjeru kao pravednost.

Bog mu je rekao, "Idi iz zemlje svoje i od roda svojega i iz doma oca svojega u zemlju, koju ću ti pokazati; jer učinit ću te velikim narodom, i blagoslovit ću te, i uveličat ću ime tvoje; i ti ćeš biti blagoslov" (Postanak 12:1-2). Bog mu nije rekao točno gdje ići, ili mu objasnio kakvu bi zemlju on točno trebao očekivati. Bog mu nije dao detaljan plan o tome kako bi on trebao živjeti nakon što ode iz svog rodnog grada. On mu je jednostavno rekao da ode.

Što bi bilo da je Abraham imao tjelesne misli? Očito je da jednom kad ode iz očeve kuće, on će postati skitnica i lutalica. Vjerojatno bi mu se rugali. Da je on razmotrio te stvari, možda ne bi mogao poslušati. Međutim, Abraham nikad nije sumnjao Božje obećanje blagoslova. On je samo vjerovao u Njega. Prema tome bezuvjetno je slušao i otišao. Bog je znao tu vrstu lađe koju Abraham ima i zato je Bog obećao da će se velika nacija oblikovati kroz njega. Bog je također obećao da će on postati blagoslov.

Bog je isto tako obećao Abrahamu u Postanku 12:3, "Blagoslivljat ću one koji te blagoslivljali budu, koji te budu kleli, njih ću proklinjati; sva plemena na zemlji tobom će se blagoslivljati." Nakon toga, kada je Bog vidio da je Abraham odustao od svojeg prava i žrtvovao se za svojeg nećaka Lota, Bog mu je dao još jednu riječ blagoslova. Postanak 13:14-16 kaže, "Podigni oči svoje i pogledaj s mjesta, gdje stojiš, prema sjeveru, jugu, istoku i zapadu; Jer svu zemlju, što je vidiš, dat ću tebi i potomstvu tvojemu zauvijek. Potomstvo ću tvoje učiniti kao prah na zemlji." Bog mu je također obećao u Postanku 15:4-5, "'nego će ti baštinik biti tvoj potomak.' Pa ga izvede i reče mu: 'Pogledaj na nebo i prebroji zvijezde, ako ih možeš prebrojiti!' I onda nastavi: 'Toliko će biti potomstva tvojega.'"

Nakon što je Abrahamu dao te snove i vizije, On je proveo Abrahama kroz sudove. Zašto su nam suđenja potrebna? Pretpostavimo da izbornik ili trener izabere sportaša sa velikim potencijalom- dovoljnim da predstavlja svoju zemlju na Olimpijadi. Ali taj atletičar ne može automatski postati osvajač zlatne medalje. Atletičar mora istrpiti i ustrajati kroz nebrojene treninge i proći kroz veliki trud da bi ostvario svoj san.

Isto je i za Abrahama. On je morao ostvariti kvalitete i karakteristike koje su potrebe za ostvarivanje Božjeg blagoslova prolazeći kroz iskušenja. Pa, čak i dok je prolazio kroz suđenja, Abraham je samo odgovarao sa "Amen" i nije radio kompromise sa svojim mislima. Isto tako, on nije tražio svoju korist, ili padao u sebičnost ili mržnju, prezir, prigovaranja, tugu, ljubomoru ili zavist. On je jednostavno vjerovao u Božje obećanje blagoslova i slušao sa ustrajnosti.

Onda mu je Bog dao još jedno obećanje. U Postanku 17:4-6 Bog kaže Abrahamu, "A ovo je Savez moj s tobom: postat ćeš ocem mnogim narodima; i nećeš se više zvati Abram - već Abraham će ti ime biti, jer naroda mnogih ocem ja te postavljam. Silno ću te rodnim učiniti; narode ću iz tebe izvesti; i kraljevi će od tebe izaći."

Bog čini kvalitetne lađe kroz iskušenja

Neki ljudi se mole Bogu imajući snove koji proizlaze iz njihove pohlepe. Iz pohlepe, oni pitaju Boga za dobar posao ili bogatstvo koje im ne odgovara. Ako se tako molimo iz naše pohlepe, mi ne možemo primiti odgovor od Boga (Jakovljeva poslanica 4:3).

Prema tome mi se moramo moliti za snove i vizije koje dolaze od Boga. Kada imamo vjeru u Božju Riječ i slušamo, Duh Sveti preuzima naša srca i vodi nas, tako da možemo ispuniti naše snove. Mi ne možemo vidjeti čak niti jednu sekundu u budućnost. Ali ako slijedimo vodstvo Duha Svetog, koji zna sve što će se dogoditi u budućnosti, onda možemo iskusiti moć Boga. Kada pokidamo naše tjelesne misli i podčinimo se Kristu, Duh Sveti preuzima i vodi nas.

Ako nam Bog da san, mi ga moramo držati na sigurnom u našim srcima. Samo zato što se san ne ostvari nakon dana, mjeseca ili godine dana molitve, mi ne bismo trebali prigovarati.

Bog, koji nam daje snove i vizije, s vremena na vrijeme nas vodi kroz sudove da bi nas učinio boljim lađama koje su vrijedne ispunjavanja tih snova i vizija. Kada postanemo ljudi koji znaju kako slušati Boga kroz te sudove, tada mi dobivamo odgovore na molitve. Ali zbog toga što su Božje misli i čovjekove misli različite, moramo shvatiti da dok nismo u stanju pokidati naše tjelesne misli i slušati sa vjerom, sudovi će se nastaviti. Prema tome, moramo se sjetiti da su nam sudovi dani tako da možemo primiti odgovor od Boga, pa umjesto pokušavanja izbjegavanja, trebali bismo ih primiti sa zahvalnosti.

Bog priprema izlazak, čak i tijekom iskušenja

Ako smo poslušni, Bog uzrokuje da sve stvari rade zajedno za dobro. On će nam uvijek dati izlazi iz sudova. U Postanku poglavlje 12, ti vidiš da nakon što je ušao u zemlju Kaanan, bila je velika glad, pa je Abraham otišao u Egipat.

Jer je njegova žena Sara bila tako lijepa, Abraham se bojao da će ju netko u Egiptu žudjeti i ubiti ga da bi ju imao. U to vrijeme, to je bilo vrlo lako moguće pa ju je Abraham predstavljao kao svoju sestru. Tehnički, Sara je bila njegova polusestra, pa to nije bila laž. Ali u to vrijeme, Abrahamova vjera još nije bila potpuno kultivirana do točke gdje je on pitao Boga za sve. Pa ovo je bio slučaj gdje se on pouzdao u svoje tjelesne misli.

Sara je bila tako prekrasna da ju je Egipatski faraon doveo

u svoju palaču. Abraham je mislio da je govoriti ljudima da je njegova žena njegova sestra najbolji put u danoj situaciji, ali to je prouzrokovalo da izgubi svoju ženu. Kroz taj događaj, Abraham je naučio veliku lekciju i od tog trenutka na dalje, on je naučio povjeriti sve Bogu.

Kao rezultat, Bog je doveo veliku pošast na faraona i njegovo domaćinstvo zbog Sare i faraon je odmah vratio Saru Abrahamu. Jer je Abraham ovisio o svojim tjelesnim mislima, on je prošao kroz trenutnu poteškoću, ali na kraju, on je bio neozlijeđen, te je dobio veliko materijalno dobro kroz ovce, stoku, sluge i magarce. Kao što je zapisano u Poslanici Rimljanima 8:28, "Znamo pak da Bog u svemu na dobro surađuje s onima koji ga ljube, s onima koji su odlukom njegovom pozvani," za ljude koji Ga slušaju, Bog priprema put iz sudova i ostaje sa njima kroz sudove. Mogu biti poteškoće na trenutak, ali u konačnici oni će proći sa vjerom i mi ćemo primiti blagoslove.

Pretpostavimo da netko preživljava od dana do dana na dnevnoj plaći. Ako on drži Gospodov dan, njegova obitelj će biti gladna jedan dan. U toj situaciji, osoba vjere će slušati Božju zapovijed i držati Gospodov dan, čak i ako to znači biti gladan. Hoće li onda obitelj te osobe biti gladna? Zasigurno ne! Baš kao što je Bog poslao manu da nahrani Izraelce, Bog će također s ljubavi nahraniti i odjenuti poslušne.

Zato po Mateju 6:25 Isus kaže, "Ne budite tjeskobno zabrinuti za život svoj, što ćete jesti i što ćete piti, ni za tijelo svoje, u što ćete se obući." Ptice u zraku ne siju ili žanju niti skladište hranu. Ljiljani na polju ne muče se niti predu. Ali Bog ih hrani i odjeva. Pa neće li se Bog pobrinuti za Svoju vlastitu djecu koja Ga slušaju i traže Njegovu volju, tako da se ne suočavaju sa poteškoćama?

Bog blagoslivlja čak i tijekom iskušenja

Kada mi pogledamo one ljude koji djeluju prema Božjoj Riječi i drže se na pravednom putu, mi možemo vidjeti da čak i usred sudova, Bog uzrokuje da sve ide za dobro na kraju. Iako trenutne okolnosti pred njihovim očima izgledaju teške i problematične, u konačnici, okolnosti zapravo završavaju kao blagoslovi.

Kada je južno kraljevstvo Judeja uništeno, Danielova tri prijatelja su odvedena kao zarobljenici u Babilon. Iako su im prijetili da će ih baciti u peć, oni se nisu poklonili idolima i oni nisu radili niti male kompromise sa svijetom. Jer su vjerovali u Božju moć, oni su vjerovali da čak i ako budu bačeni u peć, Bog će ih spasiti. Te čak i ako ne budu spašeni, oni su bili odlučni držati se svoje vjere i ne klanjati se idolima. To je vrsta ljubavi koju su oni pokazali. Njima, Zakon Boga je bio važniji od zakona njihove zemlje.

Kada je čuo o neposluhu tih mladića, kralj je postao bijesan i podigao temperaturu peći na sedam puta od njene izvorne temperature. Danielova tri prijatelja su bili vezani i bačeni su u peć. Ali zbog toga što ih je Bog zaštitio, čak im nije opržena vlas sa glave, niti su mirisali na vatru (Daniel 3:13-27).

Daniel je isto bio takav. Iako je postojao proglas koji je rekao da ako se bilo tko moli nekom čovjeku ili bogu osim kraju, oni će biti bačeni u lavlju jazbinu, Daniel je samo slušao volju Boga. On nije počinio grijeh prestanka molitve i slijedio je svoju svakodnevnu rutinu, on se nastavio moliti okrenut prema Jeruzalemu tri puta na dan. U konačnici, Daniel je bačen u lavlju jazbinu, ali Bog je poslao svoje anđele i zatvorio je usta lavovima tako da je Daniel bio potpuno neozlijeđen.

Kako je prekrasno vidjeti nekog tko ne radi kompromise sa svijetom dok drži svoju vjeru! Pravedni žive samo sa vjerom. Kada ti udovoljiš Bogu sa vjerom, On će ti odgovoriti sa blagoslovim. Čak i ako si ti doguran do toga što se čini kao kraj života, ako ti slušaš i pokazuješ svoju vjeru do gorkog kraja, Bog će pronaći izlaz za tebe i On će uvijek biti sa tobom.

Abraham je također bio blagoslovljen usred sudova. Ne samo to, čak su i ljudi koji su bili sa njim blagoslovljeni zbog njega. Danas, voda je jako vrijedna u regiji Bliskog istoka gdje se Izrael nalazi. Bila je jako vrijedna i u Abrahamovo vrijeme. Ali gdje god je Abraham išao voda nije bila samo oblina, nego zbog toga što je on bio blagoslovljen, njegov nećak Lot je također sudjelovao u tim blagoslovima i imao je velika jata i stada kao i srebro i zlato.

U tim danima, imati mnogo stoke je značilo obilna hrana i veliko bogatstvo. Kada je njegov nećak Lot bio zarobljen, Abraham je uzeo 318 svojih istreniranih sluga i spasio ga. To nam samo govori kako je bio imućan. Zbog Abrahama, koji je marljivo slušao Riječ Boga, zemlja i regija u kojoj je on boravio bila je blagoslovljena i ljudi koji su bili s njim su također blagoslovljeni.

Čak i kraljevi susjednih zemlja nisu mogli ništa učiniti Abrahamu jer je bio tako jako cijenjen. Abraham je primio sve blagoslove koje osoba može primiti u svojem životu: slavu i bogatstvo, moć, zdravlje i djecu. Kao što je zapisano u Ponovljenom zakonu poglavlje 28, Abraham je vrsta osobe koja prima blagoslove kada ulazi i izlazi. Isto tako, kao pravo dijete Boga, on je postao korijen blagoslova i otac vjere. Nadalje, on je došao do razumijevanja dubokog srca Boga, tako da je Bog čak mogao podijeliti Svoje srce sa Abrahamom i zvati ga "prijateljem": Kakva slava i blagoslovi!

Abrahamov karakter lađe

Razlog zašto je Abraham bio tako blagoslovljen je zbog toga što je on imao dobar "karakter lađe". On je bio čovjek koji je imao vrstu ljubavi koja je opisana u 1. poslanici Korinćanima poglavlje 13. i on je rodio devet plodova Duha Svetog kao što je opisano u Poslanici Galaćanima poglavlje 5.

Na primjer, Abraham je djelovao sa dobrotom i ljubavi u svim stvarima. On nikad nije mrzio niti započinjao neprijateljstvo sa drugim ljudima, nikad nije istaknuo slabosti drugih i služio je svim ljudima. Jer je on imao plod radosti, bez obzira kakva iskušenja došla na njegov put, nikad nije postajao tužan ili ljut.

Jer se potpuno pouzdao u Boga, mogao se radovati svo vrijeme. Bez obzira na situaciju, nikad nije reagirao sa emocijama ili učinio pristrane odluke. On je bio strpljiv i uvijek je slušao Božji glas.

Abraham je također bio milosrdna osoba. Kada se morao razdvojiti od svojeg nećaka, Lota, iako je on bio stariji od Lota, dao je Lotu prvi izbor u biranju zemlje koju je htio. Rekao je, "Ako ćeš ti lijevo, ja ću desno. Ako ćeš ti desno, ja ću lijevo," i dopustio je Lotu izabrati bolju zemlju. Većina ljudi bi mislila da osoba sa veće pozicije ili ranga treba imati bolji izbor. Međutim, Abraham je bio čovjek koji je mogao predati drugima i koji je služio i žrtvovao sebe za druge.

Isto tako, jer je Abraham imao kultivirano srce duhovne dobrote, kada se Lot suočavao sa uništenjem zajedno sa zemljom Sodomom, on je posredovao u njegovu korist (Postanak 18:22-32). Kao rezultat, primio je obećanje od Boga da On neće uništiti grad ako se u njemu nađe samo deset pravednih ljudi. Međutim, Sodoma i Gomora nisu imali niti deset pravednih ljudi i oni su uništeni. Ali čak i tada, Bog je spasio Lota zbog Abrahama.

Kao što je zapisano u Postanku 19:29, "Tako se Bog, dok je zatirao gradove u ravnici u kojima je Lot boravio, sjetio Abrahama i uklonio Lota ispred propasti," Bog je spasio Abrahamovog voljenog nećaka, Lota, tako da Abraham ne bude tužan u svojem srcu.

Abraham je bio vjeran Bogu do točke žrtvovanja svojeg sina,

Izaka, kojeg je primio u dobri od sto. Bilo da je učio svojeg sina, ili u svojoj vezi sa svojim slugama i susjedima, on je bio tako savršen i vjeran u svom Božjem domaćinstvu da se čak mogao smatrati bezgrešnim. Nikad se nije brzopleto suprotstavio bilo kome; uvijek je bio miran i nježan. Služio je i pomagao drugima sa tako prekrasnim srcem. I imao je takvu samokontrolu u svemu što je činio, nikad se nije ponašao neprimjereno ili prešao bilo kakve linije.

Isto tako, Abraham je potpuno rodio devet plodova Duha Svetog i nije mu manjkalo niti jednog ploda. On je imao tako dobro srce. Nakon svega, bio je tako dobra lađa. Ipak postati blagoslovljen čovjek kao Abraham nije uopće teška stvar. Mi ga samo moramo oponašati. Pošto je Svemogući Bog Stvoritelj naš Otac, zašto On ne bi odgovorio na molitve i peticije Svoje djece?

Ovaj proces postanka kao Abraham ne bi uopće trebao biti težak. Jedini teški dio je ako naše vlastite misli odu ispred nas. Ako mi potpuno vjerujemo i ovisimo o Bogu i slušamo Ga, onda će Abrahamov Bog brinuti za nas i voditi nas putem blagoslova!

Napomena i objašnjenje koncepta

Poslušnost i blagoslovi Noe, pravednog čovjeka

"Ovo je povijest Noina: Noa je bio čovjek pravedan i neporočan u svom vremenu. S Bogom je Noa hodio. Tri su se sina rodila Noi: Šem, Ham i Jafet" (Postanak 6:9-10).

Prvi čovjek Adam je proveo dugo, dugo vremena u Edenskom vrtu. Ali nakon što je zgriješio protjeran je iz Edenskog vrta i kasnije je došao živjeti na Zemlju. Oko 1000 godina kasnije, Noa je rođen kao potomak Seta, čovjeka koji se bojao Boga. Noa, koji je također potomak Enoha, naučio je učenja od svojeg oca Lemaha i djeda Metuzalema, te je odrastao kao čovjek vjere usred grešnog svijeta. Jer je on želio dati Bogu sve što je imao, zadržao je svoje čisto srce i nije se oženio dok nije otkrio da Bog ima poseban plan za njega. Pa u dobi od petsto Noa se oženio i začeo obitelj (Postanak 5:32).

Noa je znao za sud potopa i da će ljudska kultivacija krenuti ispočetka kroz njega. Prema tome on je posvetio svoj život slušanju Božje volje. Zato je Bog odabrao Nou koji je bio pravedan čovjek i koji će slušati Boga sa cijelim srcem u građenju arke bez davanja svojih misli, razloga ili izgovora.

Duhovni simbolizam Noine arke

"Napravi sebi korablju od smolastoga drveta; korablju načini s prijekletima i obloži je iznutra i izvana paklinom. A pravit ćeš je ovako: neka korablja bude trista lakata u duljinu, pedeset u širinu, a trideset lakata u visinu. Na korablji načini otvor za svjetlo, završi ga jedan lakat od vrha. Vrata na korablji načini sa strane; neka ima donji, srednji i gornji kat" (Postanak 6:14-16).

Noina arka je bila masivna struktura: 138 metara dugačka, 23 metra široka i 14 metara visoka, te je sagrađena prije oko 4500 godina. Kao rezultat utjecaja ljudi Edenskog vrta, Noino znanje i vještina su bili posebni, ali zbog toga što je on gradio arku prema dizajnu koji mu je Bog dao, Noa i njegova obitelj od osmero i svi različiti tipovi životinja su mogli preživjeti 40 dana Potopa, biti na arci više od godinu dana.

Arka duhovno simbolizira Božju Riječ i ići u arku simbolizira spasenje. I tri kata arke simboliziraju činjenicu da će Trojedni Bog- Otac, Sin i Duh Sveti- završiti povijest ljudske kultivacije.

Planina Ararat, gdje je arka stala

Sud poplave, koji se dogodio usred Božje pravde

"Onda Jahve reče Noi: 'Uđi ti i sva tvoja obitelj u korablju, jer sam uvidio da si ti jedini preda mnom pravedan u ovom vremenu.'" (Postanak 7:1).

"'Jer ću do sedam dana pustiti dažd po zemlji četrdeset dana i četrdeset noći te ću istrijebiti s lica zemlje svako živo biće što sam ga načinio.' Noa učini sve kako mu je Jahve naredio" (Postanak 7:4-5).

Bog je dao ljudima mnogo prilika da se pokaju prije poplave. Tijekom svih godina koje su trebale da se arka završi, Bog je rekao Noi da proglašava poruke pokajanja ljudima, ali jedini ljudi koji su vjerovali i poslušali Nou su bili u njegovoj obitelji. Ići u arku označava ostavljanje svih stvari u kojima si uživao iza sebe i odbaciti ih.

Iako su ljudi otišli predaleko da bi se okrenuli, Bog je dao ljudima upozorenje od sedam dana da se pokaju i izbjegnu sud. On nije želio da se oni suoče sa sudom. Sa srcem punim ljubavi i milosti, Bog im je dao šanse do gorkog kraja. Međutim, niti jedna osoba se nije pokajala i ušla u arku. Zapravo, oni su griješili još više! U konačnici, oni su pali u Sud Poplave.

O sudu

"...a osuda - što je knez ovoga svijeta osuđen."

(Po Ivanu 16:11)

"O Jahve, dosudi mi pravo po pravosti mojoj i po nevinosti koja je u meni." (Psalmi 7:8)

"A govoriš: 'Nevina sam, gnjev se njegov odvratio od mene.' Evo me da ti sudim jer govoriš: 'Nisam zgriješila.'" (Jeremija 2:35)

"A ja vam kažem: Svaki, koji se gnjevi na brata svojega, bit će kriv sudu. Tko rekne bratu svojemu: Budalo! bit će kriv visokomu vijeću. A tko mu rekne: Bezbožniče! bit će kriv ognju paklenomu." (Po Mateju 5:22)

"...i izići će: koji su dobro činili - na uskrsnuće života, a koji su radili zlo - na uskrsnuće osude." (Po Ivanu 5:29)

"I kao što je ljudima određeno jednom umrijeti, a po tom sud" (Poslanica Hebrejima 9:27)

"Jer nemilosrdan je sud onomu tko ne čini milosrđa; a milosrđe likuje nad sudom." (Jakovljeva poslanica 2:13)

"I vidjeh mrtvace velike i male, gdje stoje pred prijestoljem; i knjige se otvoriše; i druga se knjiga otvori, koja je knjiga života; i suđeni biše mrtvaci po onome, što je napisano u knjigama, po djelima njihovim." (Otkrivenje 20:12)

Poglavlje 11

Grijeh neposlušnosti prema Bogu

"Adamu reče: 'Jer si popustio molbi žene svoje i jeo s drveta, za koje sam ti zapovjedio: 'Ne smiješ jesti s njega', to neka je prokleta zemlja zbog tebe; s mukom ćeš se od nje hraniti sve dane života svojega.' Rađat će ti trnjem i korovom, a hranit ćeš se poljskim raslinjem. U znoju ćeš lica svojega jesti kruh, dok se ne vratiš u zemlju, od koje si uzet, jer prah si i u prah se vraćaš."
(Postanak 3:17-19)

Mnogi ljudi kažu da je sam život tegoba. Biblija naglašava da je rođenje i život u ovom svijetu bolno. U Jobu 5:7, Elifaz kaže Jobu, koji je bio na muci, "nego čovjek rađa muku i nevolju kao što let orlov teži u visinu." Osoba koja ima malo muke u životu i osoba koja ima puno muke za različit problem u životu. I nakon što osoba teško radi do određenog cilja i čini se da će nekako doći do cilja, sumrak života se približava. Kada vrijeme dođe, čak i najzdravija osoba će iskusiti smrt u jednom trenutku.

Nijedna osoba ne može izbjeći smrt, pa ako pogledaš na to, to je kao prolazna magla, ili oblak. Pa koji je razlog zašto se ljudi suočavaju sa svim tim različitim vrstama iskušenja u ovom "Sizifovom poslu" od života? Prvi i izvorni razlog je zbog grijeha neposluha prema Bogu. Kroz Adam, Šaula i Kaina mi možemo vidjeti u detalje počinjenje grijeha neposluha prema Bogu.

Adam, čovjek stvoren prema Božjoj slici

Bog Stvoritelj je stvorio prvog čovjeka, Adama, na Svoju vlastitu sliku, te je onda udahnuo u njegove nosnice dah života i on je postao živo biće, ili živi duh (Postanak 2:7). Bog je zasadio vrt prema istoku u Edenu i tamo postavio čovjeka. Onda je on rekao, "Sa svakoga drveta u vrtu smiješ jesti, samo s drveta spoznanja dobra i zla ne jedi, jer čim bi jeo s njega, morao bi umrijeti" (Postanak 2:16-17).

Nakon što je vidio da nije dobro za Adama da bude sam, Bog je uzeo jedno Adamovo rebro i stvorio Evu. Bog ih je blagoslovio i rekao im da budu plodni i množe se. On im je također dopustio vladati nad ribama mora, pticama na nebu i vladati nad svakim bićem koje se kreće zemljom (Postanak 1:28). Primivši taj veliki blagoslov od Boga, Adam i Eva su imali dovoljno za jesti, imali mnogo potomaka i vodili su uspješan život.

Na početku, baš kao novorođena beba, Adam nije imao ništa u svojoj memoriji. On je bio potpuno prazan. Međutim, Bog je hodao sa Adamom i naučio ga mnogim stvarima tako da on može živjeti kao gospodar nad svim stvorenjem. Bog je naučio

Adama o Sebi, svemiru i duhovnim zakonima. Bog je također naučio Adama kako živjeti kao duhovni čovjek. On ga je naučio znanju o dobru i zlu. Mnogo godina Adam je slušao Božje riječi i živio je dugo, dugo vremena u Edenskom vrtu.

Adam je jeo zabranjeno voće

Došlo je vrijeme kada je jedan dan neprijatelj vrat i Sotona, vladar zraka, potaknuo zmiju, koja je najlukavija od svih bića i potaknuo je Evu kroz nju. Zmija, koju je Sotona potaknuo, znala je da je Bog rekao čovjeku da ne jede sa stabla u sredini Edenskog vrta. Ali da bi potakula Evu, zmija je pitala, "Je li doista rekao Bog: 'Ne smijete jesti ni s kojeg drveta u vrtu?'" (Postanak 3:1)

Kako je Eva odgovorila na to pitanje? Ona je rekla, "Plodove sa stabala u vrtu smijemo jesti. Samo za plod stabla što je nasred vrta rekao je Bog: 'Da ga niste jeli! I ne dirajte u nj, da ne umrete!'" (Postanak 3:2-3). Bog joj je točno rekao, "...jer čim bi jeo s njega, morao bi umrijeti." (Postanak 2:17). Zašto je Eva promijenila Božje riječi u "da ne umrete"? "Da" znači "od straha da". Te riječi označavaju da nema apsolutnosti. "Imati strah od umiranja" i "Zasigurno umrijeti" su drugačije. To dokazuje da ona nije upisala Božje riječi u svoje srce. Njen odgovor dokazuje da ona nije imala apsolutnu vjeru u činjenicu da će oni "zasigurno umrijeti".

Lukava zmija nije propustila tu priliku i odmah uskočila, "Ne, nećete umrijeti! Nego, zna Bog: onog dana kad budete s njega jeli, otvorit će vam se oči, i vi ćete biti kao bogovi koji razlučuju dobro i zlo" (Postanak 3:4-5). Ne samo da je zmija lagala, ona je čak potaknula pohlepu u Evi! I zbog toga što je zmija upuhala pohlepu u Evin um, stablo spoznaje dobra i zla, kojeg Eva nije ni pomislila dotaknuti, ili čak prići mu blizu, sada je počelo izgledati dobro i ukusno. Zapravo je izgledalo dovoljno dobro da učini nekoga mudrim! Pa konačno, Eva je jela zabranjeno voće i također je dala svojem suprugu.

Rezultat Adamovog grijeha neposluha prema Bogu

Ovo je način kako je Adam, praotac čovječanstva, prekršio Božju zapovijed. Jer Adam i Eva nisu čvrsto upisali Božje riječi u svoja srca, oni su pali u iskušenje neprijatelja vraga i Sotone, te su oni prekršili Božju zapovijed. Pa, baš kao što je Bog rekao, Adam i Eva su "zasigurno umrli."

Međutim, kako mi čitamo u Bibliji, mi vidimo da oni nisu umrli odmah. Oni su zapravo živjeli mnogo godina i imali su puno djece. Kada je Bog rekao, "Ti ćeš zasigurno umrijeti," On nije mislio na jednostavnu fizičku smrt gdje osoba prestane disati. On je mislio na fundamentalniju smrt, a to je umiranje duha. Izvorno, čovjek je stvoren sa duhom koji može komunicirati sa Bogom, dušom koju duh kontrolira i tijelom, koje služi kao tabernakul za duh i dušu (1. poslanica Solunjanima 5:23). Pa kada je čovjek prekršio Božju zapovijed, duh, koji je gospodar čovjeka, je umro.

I zbog toga što je čovjekov duh umro kao rezultat grijeha neposluha prema Bogu, njegova komunikacija sa Bogom je prekinuta, tako da on nije mogao više živjeti u Edenskom vrtu. To je zbog toga što grešnik ne može živjeti zajedno sa Bogom u Njegovoj prisutnosti. Tada su poteškoće čovječanstva počele.

Ženska bol prilikom poroda se uveliko povećala, u boli će ona donositi djecu; njena želja će biti za njenog supruga i on će vladati nad njom. I čovjek mora teško raditi svakog dana svojeg života da bi jeo sa zemlje koja je prokleta zbog njega (Postanak 3:16-17). Svo stvaranje je prokleto zajedno sa Adamom i morali su patiti sa njim. Povrh toga, svi Adamovi potomci, rođeni od njegove linije, su rođeni kao grešnici i bili su postavljeni na put smrti.

Razlog zašto je Bog postavio stablo spoznaje dobra i zla

Neki se mogu čuditi, "Nije li Svemogući Bog znao da će Adam jesti zabranjeno voće? Ako je On to znao, zašto je On stavio u Edenski vrt i dopustio Adamov neposluh? Ako zabranjeno voće ne postoji, ne bi li to spriječilo Adama od grijeha?" Međutim, da Bog nije stavio zabranjeno voće u vrt, bi li Adam i Eva iskusili zahvalnost, radost, sreću i ljubav? Božja svrha u stavljanju zabranjenog voća u Edenski vrt nije bila da bi nas poslao putem smrti. To je bila providnost Boga, da bi nas naučio relativnosti.

Jer je sve u Edenskom vrtu od istine, ljudi u vrtu ne mogu shvatiti što je neistina. Jer tamo zlo ne postoji, ljudi nisu znali što su zapravo mržnja, patnja, bolest ili smrt. Pa relativno govoreći, ljudi tamo ne mogu shvatiti što je stvarno sretan život koji su oni iskusili. Jer nikad nisu iskusili nesreću, oni ne znaju što je prava sreća i prava nesreća. Zbog toga je stablo spoznaje dobra i zla bilo potrebno.

Bog je želio dobiti pravu djecu koja shvaćaju što je prava ljubav i sreća. Da je prvi čovjek Adam znao što je prava sreća kada je on bio u Edenskom vrtu, onda kako bi mogao ne slušati Boga? Zbog toga je Bog postavio stablo spoznaje u vrt i kultivira čovjeka ovdje na zemlji tako da čovjek može naučiti relativnost stvari. Kroz taj proces kultiviranja, čovjek iskusi i uspjeh i neuspjeh, dobro i loše, sve kroz relativnost. Samo kada čovjek nauči istinu kroz taj proces, on može stvarno shvatiti i voljeti Boga iz dubine svojeg srca.

Put oslobođenja od kletve uzrokovane grijehom

Dok je Adam živio u Edenskom vrtu, on je slušao Boga i učio o dobroti od Boga. Ali nakon neposluha, njegovi potomci su postali robovi neprijatelja vraga i oni su postali sve više i više ukaljani sa zlom kako su generacije prolazile. Što je više vremena prolazilo, to su oni više zli postajali. Ne samo da su rođeni sa zlom kojeg su naslijedili od svojih roditelja, nego su također činili više zla u svojim umovima dok su odrastali i učili kroz to što su vidjeli i čuli. Bog je znao da će Adam jesti zabranjeno voće. On je znao da će ovaj cijeli svijet postati ispunjen sa grijehom. On je također znao da će čovjek ići putem smrti. Zbog toga je pripremio Spasitelja, Isusa Krista, prije doba. Kada je određeno vrijeme došlo, poslao je Isusa u ovaj svijet.

Da bi naučio ljude Božjoj istini, Isus je širio evanđelje kraljevstva neba i prikazivao znamenja i čuda. Onda je On obješen na križ i prolio je Svoju svetu krv da bi platio cijenu za grijehe svog čovječanstva. Prema tome, svatko tko prihvati Isusa Krista prima Duh Sveti kao dar. Put spasenja je otvoren za one koji odbace neistine i žive u istini slijedeći vodstvo Duha Svetog. Ako ljudi obnove sliku Boga koju su jednom izgubili i ako se oni boje Boga i drže Njegove statute, što je cijela dužnost čovjeka (Propovjednik 12:13), onda oni mogu uživati u svim blagoslovima koje je Bog pripremio za njih. Oni mogu uživati ne samo u bogatstvu i zdravlju, nego također u vječnom životu i vječnim blagoslovima.

Kao što je objašnjeno, kada mi dođemo u Svjetlo, mi možemo biti oslobođeni zamke kletve grijeha. Kako mirno naše srce postane nakon što se pokajemo i ispovjedimo, odbacimo naše grijehe i odlučimo se živjeti prema Božjoj Riječi! Kada vjerujemo u Božje Riječi i primimo molitve, mi možemo vidjeti kako postajemo oslobođeni od bolesti, poteškoća, sudova i iskušenja. Bog se raduje Svojoj djecu koja prihvate Isusa Krista i žive u pravednosti, te ih On oslobađa od svih kletvi.

Rezultat Šaulovog grijeha neposluha prema Bogu

Šaul je postao prvi kralj zbog Izraelskih potreba za kraljem. On je bio iz Benjaminovog plemena i nije bilo nikog drugog koji je bio tako elegantan i nježan kao on u Izraelu. U vrijeme kada je Šaul bio pomazan za kralja, on je bio jako ponizan čovjek koji se smatrao nižim od drugih. Ali nakon što je postao kralj, malo po malo, Šaul je počeo ne slušati Božje zapovijedi. Ponižavao je poziciju visokog svećenika i djelovao je budalasto (1. Samuelova 13:8-13) i konačno je počinio grijeh neposluha.

U 1. Samuelovoj poglavlje 15, Bog je rekao Šaulu da potpuno uništi Ameličane, ali Šaul nije poslušao. Razlog zašto mu je Bog rekao da uništi Ameličane je zapisan u Izlasku poglavlje 17. Dok su Izraelci išli u zemlju Kaanan nakon što su izašli iz Egipta, Ameličani su ratovali protiv Izraelaca.

Iz tog razloga, Bog je obećao da će potpuno izbrisati sjećanje o Amaleku pod nebom (Izlazak 17:14) i zbog toga što se Bog ne koleba, On je planirao ispuniti to obećanje stotinama godina kasnije, u vrijeme Šaula. Kroz proroka Samuela, Bog je zapovjedio, "Sada idi i udari na Amaleka, izvrši "herem", kleto uništenje, na njemu i na svemu što posjeduje; ne štedi ga, pobij muškarce i žene, djecu i dojenčad, goveda i ovce, deve i magarce" (s.3).

Međutim, Šaul nije poslušao Boga. On je vratio kralja Agaga kao zarobljenika i također je vratio najbolje ovce, volove, ugojenike, janjce i sve što je bilo dobro. Želio je pokazati svoje dobitke ljudima i primiti njihovu hvalu. Šaul je učinio ono što je on mislio da je ispravno u njegovom umu, ali nije poslušao Boga. Prorok Samuel je objasnio na način na koji će Šaul moći razumjeti, ali Šaul se nije pokajao, nego je činio izlike (1. Samuelova 15:17-21). Šaul nije vratio izbor ovaca i stoke tako da ljudi mogu prinijeti Bogu.

Što misliš što je Bog rekao o tom grijehu neposluha? 1. Samuelova 15:22-23, "Znaj, poslušnost je vrednija od najbolje žrtve, pokornost je bolja od ovnujske pretiline. Nepokornost je kao grijeh čaranja, samovolja je kao zločin s idolima." Grijeh neposluha je kao grijeh čaranja i idolatrije. Čaranje je vještičarstvo, koje je ozbiljan grijeh podčinjen Božjem sudu, a idolatrija je grijeh koji Bog smatra grozotom.

Konačno, Samuel je prekorio Šaula, "Jer si prezreo zapovijed Gospodnju, odbacuje on tebe kao kralja" (1. Samuelova 15:23). Ali Šaul se svejedno ne kaje iskreno. Umjesto toga, da bi zadržao dobru sliku, on pita Samuela da ga časti pred njegovim ljudima (1. Samuelova 15:30). Što je strašnije i tužnije od toga da te Bog odbaci? Ali to se ne primjenjuje samo na Šaula. To se također primjenjuje i na nas danas. Ako mi prekršimo Božju Riječ, onda mi ne možemo izbjeći posljedice tog grijeha. To se primjenjuje i na naše nacije i naše obitelji.

Na primjer, ako sluga ne posluša kralja i djeluje prema svojim mislima, onda on mora platiti kaznu svojeg grijeha. U obitelji, ako dijete ne sluša svoje roditelje i zastrani, kako će tužni njegovi roditelji biti? Pošto neposluh uzrokuje kidanje mira, boli i patnja će slijediti. Kao rezultat Šaulovog neposluha prema Bogu, ne samo da je on izgubio svoju čast i moć; njega su ga također mučili zli duhovi i u konačnici, on je umro na bojištu i susreo jadan kraj.

Rezultat Kainovog grijeha neposluha prema Bogu

U Postanku poglavlje 4. mi vidimo Adamova dva sina, Kaina i Abela. Kain je bio ratar, a Abel je uzgajao ovce. Jednom kasnije, Kain je prinio žrtvu Bogu sa prinosima sa zemlje, a Abel je prinio žrtvu Bogu sa prvorođenima iz svojeg stada i njihovim masnim dijelovima. Bog je bio zadovoljan sa Abelom i njegovom žrtvom, ali on nije bio zadovoljan sa Kainovom žrtvom.

Kada je Adam bio istjeran iz Edenskog vrsta, Bog mu je rekao da prinosi žrtvu koristeći krv životinje da bi mu se oprostilo (Poslanica Hebrejima 9:22). Adam je točno naučio svoje sinove metodu prinosa žrtve sa krvi, te su i Kain i Abel jako dobro znali o tome kakvu žrtvu Bog želi. Abel je imao dobro srce, pa je on slušao i činio je točno ono što je naučio, te je prinio žrtvu Bogu onako kako je On to tražio. Ali Kain, u drugu ruku, učinio je prinos prema svojim mislima, prema njegovim uvjerenjima. Zbog toga je Bog prihvatio Abelovu žrtvu, ali ne i Kainovu žrtvu.

Isto se primjenjuje i na nas danas. Bog je zadovoljan sa našom službom kada Ga mi služimo sa svim našim srcem, umom i ponajprije u duhu i u istini. Međutim, ako Ga mi slavimo prema našim željama i ako mi hodamo kršćanskim hodom samo zbog naše koristi, onda mi nemamo ništa sa Bogom.

U Postanku 4:7 Bog kaže Kainu, "Jer ako pravo radiš, vedrinom odsijevaš. A ne radiš li pravo, grijeh ti je kao zvijer na pragu što na te vreba; još mu se možeš oduprijeti." Bog pokušava prosvijetliti Kaina da on ne počini grijeh. Ali Kain nije zagospodario grijehom i završio je počinivši grijeh ubojstva svojeg brata.

Da je Kain imao dobro srce, on bi se okrenuo od svojih putova i zajedno sa svojim bratom, učinio bi prinos žrtve koji je ugodan Bogu i ne bi bilo problema. Međutim, zbog toga što je bio zao, otišao je protiv Božje volje. To je rodilo ljubomoru i ubojstvo, koji su radovi tijela i to je rezultiralo sudu, kletva je došla na njega. U konačnici, Bog je rekao Kainu, "Stoga budi proklet na zemlji koja je rastvorila usta da proguta s ruke tvoje krv brata tvoga! Obrađivat ćeš zemlju, ali ti više neće davati svoga roda. Vječni ćeš skitalica na zemlji biti," i od tada, Kain je postao čovjek koji vječno bježi (Postanak 4:11-12).

Do sada smo naučili kroz živote prvog čovjeka Adama, kralja Šaula i Kaina, kako je ozbiljan grijeh neposluh prema Bogu i kako veliki sudovi i iskušenje slijede kao rezultat. Kada vjernik koji zna Božju Riječ ne sluša, to znači ne slušati Boga. Ako vjernik ne prima blagoslov uspjeha u svim područjima svojeg života, to znači da na jedan ili drugi način, on čini ovaj grijeh protiv Boga.

Prema tome mi moramo uništiti zid grijeha koji stoji između Boga i nas. Bog je poslao Isusa Krista i Riječ istine u ovaj svijet da bi dao pravi život čovječanstvu koje živi usred patnje zbog grijeha. Ako ne živimo prema toj riječi istine, ishod je smrt.

Mi moramo živjeti prema Gospodovim učenjima koja nas vode do spasenja, vječnog života, odgovora na molitve i blagoslova. Mi ne smijemo počiniti grijeh neposluha tako da se stalno provjeravamo zbog grijeha, kajemo se i slušamo Riječ tako da možemo primiti potpuno spasenje.

Poglavlje 12

Izbrisat ću čovjeka sa lica zemlje"

"Vidje Jahve kako je čovjekova pokvarenost na zemlji velika i kako je svaka pomisao u njegovoj pameti uvijek samo zloća. Jahve se pokaja i u svom srcu ražalosti što je načinio čovjeka na zemlji. Reče Jahve: 'Ljude koje sam stvorio izbrisat ću s lica zemlje - od čovjeka do zvijeri, puzavce i ptice u zraku - jer sam se pokajao što sam ih napravio.' Ali je Noa našao milost u očima Jahvinim. Ovo je povijest Noina: Noa je bio čovjek pravedan i neporočan u svom vremenu. S Bogom je Noa hodio."
(Postanak 6:5-9)

U Bibliji mi možemo vidjeti kako je velik bio grijeh čovjeka u Noino vrijeme. Bog je bio tako ožalošćen zbog stvaranja čovjeka da je On proglasio da će On izbrisati čovjeka sa lica zemlje kroz Sud Poplave. Bog je stvorio čovjeka, On je hodao sa njim i izlio je Svoju obilnu ljubav na njega, pa zašto bi On tako morao donijeti sud na čovjeka? Pogledajmo razloge za Božji sud i kako mi možemo izbjeći Božji sud, te umjesto toga, primiti Njegove blagoslove.

Razlika između zle osobe i dobre osobe

Kako se mi družimo s ljudima, mi dobivamo određene osjećaje o njima. Ponekad mi možemo osjetiti da su oni zli, ili dobri. Velikim dijelom, ljudi koji odrastu u dobrom okolišu i prime ispravna učenja imaju nježnije osobnosti i dobra srca. U suprotnom, ljudi koji odrastu u lošem okolišu traže i osjećaju mnogo zlih stvari koje ih razdvajaju od istine, te je vjerojatnije da imaju osobnosti koje postaju izopačene i češće postaju zločinci. Naravno, postoje oni koji završe na neistinitom putu iako su odgajani u dobrom okolišu kao i oni koji su prevladali svoju nepovoljnu okolinu i završili kao uspješni i dobrog srca. Ali koliko mnogo ljudi uopće može primiti odgoj u dobroj okolini i primiti dobro obrazovanje, te povrh toga dobro se truditi dobro živjeti?

Ako pogledamo na dobre ljude kao primjer, mi možemo razmotriti Djevicu Mariju koja je rodila Isusa i njenog supruga Josipa. Kada je Josip shvatio da je Marija postala trudna iako nije dijelio krevet sa njom, što je učinio? Prema Zakonu tog doba, osoba koja je počinila preljub je morala biti kamenovana na smrt. Međutim, Josip ju nije otkrio javno. On je želio prekinuti njihove zaruke potiho. Kako je stvarno dobro srce imao!

Na suprotnoj strani, primjer zle osobe bi bio Absalom. Kada je njegov polubrat, Amnon, silovao njegovu sestru, on je odlučio u svojem srcu osvetiti se. Pa kad je pronašao povoljno vrijeme, Absalom je ubio Amnona. I on je čak nakupio prezir prema svojem ocu, Davidu zbog te stvari. U konačnici on je vodio pobunu protiv svojeg oca. Sve to zlo je rezultiralo u tragičnom kraju Absalomovog života.

Zato po Mateju 12:35 kaže, "Dobar čovjek iz dobre riznice iznosi dobro, zao čovjek iz zle riznice iznosi zlo." Za mnoge ljude, kako odrastaju, usprkos njihovim namjerama, zle prirode se zasade u njima. Prije dugo vremena, iako nije bilo tako često, bilo je ljudi koji su bili voljni umrijeti za svoju domovinu i svoje ljude. Međutim, u današnje vrijeme, jako je teško naći takve ljude. Iako oni postaju ukaljani sa zlom, mnogi ljudi ni ne shvaćaju što je zlo i žive misleći da su u pravu.

Zašto Božji sud dolazi

Kada mi pogledamo na ono što je zapisano u Bibliji ili u povijest čovječanstva, bez obzira na koji vremenski period, kada je grijeh čovječanstva došao do zenita i kada je prešao preko limita, Božji ozbiljan sud je došao. Mi možemo kategorizirati Božje sudove u tri glavne kategorije.

Kada Božji sud pada na nevjernike, može pasti na naciju kao cjelinu, ili na osobu. Također postoje slučajevi gdje Božji sud može pasti na Njegove vlastite ljude. Kada cijela nacija počini grijeh koji ide izvan etike humanosti, veliko iskušenje pada na cijelu naciju. Ako osoba počini grijehe koji zaslužuju sud, Bog će ju uništiti. Kada Božji ljudi počine pogreške, oni su disciplinirani.

To je zbog toga što Bog voli svoje ljude; On dopušta da sudovi i iskušenja dođu na njih tako da oni mogu naučiti iz svojih grešaka i okrenuti se od njih.

Kao Stvoritelj, Bog ne samo da upravlja svim ljudima svijeta, nego također kao Sudac On dopušta čovjeku "žeti što je posijao". U prošlosti kada ljudi nisu znali Boga, ako su sa dobrim srcem tražili Boga ili pokušali živjeti u pravednosti, Bog Se ponekad otkrivao u njihovim snovima i dopustio im znati da je On živ.

Kraj Nabukodonosor iz Babilonskog carstva nije vjerovao u Boga, ali Bog mu je svejedno otkrio u snu događaje koji će se dogoditi u budućnosti. On nije znao Boga, ali bio je dovoljno velikodušan da odabere elitu među zarobljenicima. Naučio ih je o Babilonskoj civilizaciji i čak im je dodijelio ključne pozicije u carstvu. On je to učinio zbog toga što je u kutku srca priznao vrhovnog boga. Pa čak i ako netko ne zna Boga, ako pokuša imati dobro srce, Bog će pronaći način otkriti Se kao živi Bog i On će nagraditi osobu prema njenim djelima.

Generalno, kada nevjernik čini zlo, Bog ga neće disciplinirati osim ako ne učini nešto jako ozbiljno. To je zbog toga što oni ni ne znaju što je grijeh i nemaju ništa sa Njim. Oni su kao nezakonita djeca u duhovnom smislu. Oni će u konačnici ići u Pakao i već stoje osuđeni. Naravno, ako njihov grijeh dođe do granice i oni ozlijeđuju druge, te njihovo zlo ide van kontrole bez ikakvoga obzira prema ljudskosti, iako oni nemaju ništa sa Njim, On ih neće tolerirati. To je zbog toga što je Bog sudac koji sudi između dobra i zla svog čovječanstva.

Djela apostolska 12:23 kažu, "Umah ga, zbog toga što ne

dade slavu Bogu, udari anđeo Gospodnji te on rascrvotočen izdahnu." Kralj Herod je bio nevjernik koji je ubio Jakova, jednog od Isusovih dvanaest učenika. On je također zarobio Petra. Ali kada je on postao ponosan kao da je bog, Bog ga je udario, crvi su ga pojeli i on je umro. Iako osoba ne zna Boga, ako njen grijeh pređe određenu granicu, ona će primiti takav sud.

Onda što je slušaj sa vjernicima? Kada su Izraelci služili idolima, zastranili od Boga i počinili sve vrste zla, Bog ih nije samo ostavio takve kakvi su. On ih je prekorio i učio ih kroz proroke, a ako još uvijek nisu slušali, On ih je kaznio tako da se mogu okrenuti od svojih putova.

Kao što je zapisano u Poslanici Hebrejima 12:5-6, "Sine moj, ne omalovažavaj stege Gospodnje i ne kloni kad te on ukori. Jer koga Gospodin ljubi, onoga i stegom odgaja, šiba sina koga voli." Bog intervenira kada Njegova voljena djeca griješe sa svojim djelima. On ih kori i disciplinira tako da se mogu pokajati, okrenuti i uživati u blagoslovljenom životu.

* Zbog toga što je opakost čovjeka velika

Razlog zašto Božji sud dolazi na zemlju je bio zbog toga što je opakost čovjeka bila velika (Postanak 6:5). Pa kako svijet izgleda kada je opakost čovjeka velika?

Prvo, postoje slučajevi gdje ljudi, zajedno kao cijela nacija, sakupe zlo. Ljudi mogu postati jedno sa predstavnikom svoje nacije, kao što je predsjednik ili premijer i sakupiti zlo skupa. Glavni primjer toga je zloglasna nacistička Njemačka i holokaust. Cijela država Njemačka je skupa radila sa Hitlerom da bi uništili

Židove. Njihova metoda izvršavanja toga zlog djela je bila izuzetno okrutna.

Prema zapisanoj povijesti, oko 6 milijuna Židova koji su odgajani u Njemačkoj, Austriji, Poljskoj, Mađarskoj i Rusiji su bili okrutno ubijeni sa metodama okrutnog rada, mučenjem, izgladnjivanjem i ubojstvom. Neki su umrli goli u plinskim komorama, neki su bili živi zakopani u rupama u zemlji, a neki su umirali strašnom smrću kao živi subjekti ljudskih istraživanja. Pa koja je bila sudbina Hitlera i Njemačke, koji su vodili ta zla djela? Hitler si je oduzeo život, a Njemačka je postala potpuno poražena zemlja, sa trajnom, povijesnom mrljom na imenu zemlje. U konačnici, zemlja je podijeljena na dva, Istočna i Zapadna Njemačka. Oni krivici koji su počinili te odvratne ratne zločine su morali promijeniti svoja imena i bježati od mjesta do mjesta. Ako bi bili uhvaćeni, oni su generalno primali smrtne presude.

Ljudi Noinog vremena su također primili sud. Jer su ljudi tog doba bili tako puni grijeha, Bog je odlučio uništiti ih (Postanak 6:11-17). Do dana poplave, Noa je vikao o sudu koji će doći, ali nitko ga nije poslušao do kraja. Zapravo, do trenutka kada su Noa i njegova obitelj ušli u arku, ljudi su još uvijek jeli i pili, ženili se i uživali u užicima. Prema Noi, čak i dok su vidjeli kako kiša pada, oni nisu shvaćali što se događa (Po Mateju 24:38-39). Kao rezultat, svi ljudi su umrli u poplavi osim Noe i njegove obitelji (Postanak poglavlje 7).

Također postoji zapis iz Abrahamovog doba u Bibliji o tome kako je Bog poslao sud vatre i ognja na Sotomu i Gomoru jer su bili tako puni grijeha (Postanak poglavlje 19). U dodatku na te primjere, mi možemo vidjeti kroz povijest gdje je Bog doveo razne sudove gladi, potresa i pošasti, itd. na naciju kao cjelinu kada su oni bili potpuno puni grijeha.

Slijedeće je slučaj osobnog primanja suda, bilo da osoba vjeruje u Boga ili ne, ako ona nakupi zlo, ona će primiti sud prema tome kakva je djela počinila. Život osobe se može skratiti kao rezultat njenog zla, ili ovisno o stupnjevima njenog grijeha, ona se može susresti sa tragičnim krajem u svojim zadnjim danima. Međutim, samo zato što netko umre rano ne znači da on ili ona nisu primili sud; jer postoje slučajevi kao Pavao i Petar, koji su ubijeni iako su živjeli pravednim životima. Njihova smrt je također bila pravedna smrt, pa na Nebu, oni sjaje kao sunce. Postoje neki pravedni ljudi iz prošlosti koji su, nakon što su istaknuli istinu kralju, bili primorani piti smrtonosan otrov koji je ugasio njihov život. U tim slučajevima, njihova smrt nije bila rezultat suda zbog grijeha, nego pravedna smrt.

Čak i u današnjem svijetu, bilo to nacija ili osoba, grijeh čovječanstva je velik. Većim dijelom, ljudi ne vjeruju u Boga kao jednog pravog Boga i oni su puni svojih mišljenja. Oni ili progone lažne bogove, idole ili vole druge stvari više od Boga. Seks prije braka je postao normalno prihvaćen i pokret za legalizaciju istospolnih brakova neprestano napreduje. Ne samo to, droga je raširena, borbe, neprijateljstva, mržnja i korupcija su posvuda.

Postoji opis kraja vremena po Mateju 24:12-14, "Razmahat će se bezakonje i ohladnjeti ljubav mnogih. Ali tko ustraje do svršetka, bit će spašen. I propovijedat će se ovo evanđelje

Kraljevstva po svem svijetu za svjedočanstvo svim narodima. Tada će doći svršetak." Ovo je naš današnji svijet.

Baš kao što ne možeš reći da li postoji prljavština na tvojem tijelu ako stojiš u mraku, jer ima tako mnogo grijeha u svijetu, ljudi žive u bezakonju, a ipak ne znaju da su njihova djela nezakonita. Jer su njihova srca puna nezakonitost, prava ljubav ne može ući u njih. Nepovjerenje, nevjernost i sve druge vrste srčanih bolova su široko raširene jer se ljudska ljubav ohladila. Kako može Bog, koji je nevin i bez mrlje, samo nastaviti promatrati sve to?

Ako roditelj voli svoje dijete, a dijete zastrani, što će roditelj učiniti? Roditelji će pokušati nagovoriti dijete da se promijeni i prekoriti dijete. Ali ako dijete svejedno ne sluša, roditelj će čak pokušati primijeniti pojas da bi okrenuo dijete. Ali ako dijete čini djela koja su ljudski neprihvatljiva, roditelj se mora odreći djeteta. Isto je i sa Bogom Stvoriteljom. Ako je čovjekov grijeh tako velik da on nije drugačiji od životinja, Bog si ne može pomoći nego spustiti sud na njega.

* Zbog toga što je misao srca zla

Kada Bog spusti sud, On žali ne samo zbog toga što je grijeh u svijetu tako velik, nego također jer su čovjekove misli zle. Osoba sa otvrdnutim srcem je također puna zlih misli. Ona je pohlepna i uvijek traži korist za sebe, te ona ne staje samo na dobivanju bogatstva i stalno ima zle misli. To je istina i za nacije kao i za osobu. To također može čak biti istina za vjernike. Iako osoba ispovijeda da vjeruje u Boga, ako ona skladišti Riječ Boga samo kao znanje u glavi i ne stavlja ju u djela, ona nastavlja tražiti korist samo za sebe, pa si ne može pomoći nego uvijek imati zle misli.

Zašto mi slavimo Boga i slušamo Njegovu Riječ? To je da bismo djelovali prema Njegovoj volji i postali pravedni ljudi koje Bog želi. Ali postoji tako mnogo ljudi koji viču, "Gospode, Gospode", a ipak ne žive prema Njegovoj volji. Bez obzira na količinu rada za koji tvrde da su učinili za Boga, jer su njihova srca zla, oni će primiti sud; i oni neće ući na Nebo (Po Mateju 7:21). Ne držanje Božjih zapovijedi i statuta se smatra grijehom i vjera bez djela je mrtva vjera, pa toliko mnogo ljudi ne može primiti spsenje.

Ako čujemo Božju Riječ, mi moramo odbaciti zlo i djelovati prema njoj. Onda, kako naše duše uspijevaju mi ćemo uspijevati u svim aspektima; i mi ćemo također primiti blagoslov zdravlja. Pa bolesti, sudovi i iskušenja neće doći. A čak i ako dođu, sve stvari će raditi za dobro i oni će radije postati prilike za blagoslove.

Kada je Isus došao na ovaj svijet, ljudi kao pastiri dobrog srca, proročica Ana, Simeon i drugi su prepoznali bebu Isusa. Međutim, farizeji i pismoznanci koji su ispovijedali da se strogo drže Zakona i uče Zakon nisu prepoznali Isusa. Da su oni bili uronjeni u Božju Riječ, onda bi dobrota bila u njihovim srcima i oni bi trebali moći prepoznati Isusa i prihvatiti Ga. Ali bez promijene iz centra njihovih srca, oni su bili razmetljivi i bili su samo fokusirani na izgled svetosti izvana. Prema tome njihova srca su bila otvrdnuta i oni nisu mogli razumjeti Božju volju i nisu mogli prepoznati Isusa. Pa ovisno o tome koliko dobrote i koliko zla ti imaš u svojem srcu, konačan rezultat će se strahovito razlikovati.

Božja Riječ se ne može objasniti na jednostavan i čist jezik samo sa ljudskim znanjem. Neki ljudi kažu da bi mogli znati točno značenje Biblije, osoba mora studirati Hebrejski i Grčki i protumačiti izvorni tekst. Onda zato farizeji, saducejci i visoki svećenici nisu jasno razumjeli Bibliju. koja je zapisana na njihovom Hebrejskom jeziku- i zašto oni nisu prepoznali Isusa? To je zbog toga što je Riječ Boga zapisana kroz inspiraciju Duha Svetog i može se jasno razumjeti samo kroz inspiraciju Duha Svetog kroz molitvu. Biblija se ne može jasno razumjeti kroz doslovno značenje.

Prema tome, ako imamo neistine u našim srcima ili požudu tijela, požudu očiju ili hvalisav ponos života, onda mi ne možemo otkriti Božju volju niti djelovati prema njoj. Ljudi u ovom dobu su tako zli da oni odbijaju vjerovati u Boga; i ne samo to, čak i ako tvrde da vjeruju Boga, oni svejedno djeluju u bezakonju i nepravednosti. Zaključno, oni ne djeluju prema Božjoj volji. Tako znamo da je Božji sud blizu.

* Zbog toga što je svaka namjera srca uvijek zla

Razlog zašto Bog mora suditi je zbog toga što je svaka namjera čovjekovog srca uvijek zla. Kada mi imamo zle misli, planovi koji dolaze iz tih misli su zli i te misli u konačnici provociraju zla djela. Samo razmisli koliko zlog planiranja dolazi u današnjem društvu.

Mi vidimo ljude na ključnim pozicijama nacije kako

zahtijevaju mito u velikim količinama novca, ili stvaraju bogate fondove, ulaze u užarene svađe i rasprave. Beskrupulozane metode dobivanja ulaza na političke pozicije, vojni skandali i sve druge vrste različitih skandala prevladavaju. Postoje djeca koja planiraju ubojstvo roditelja da bi preuzeli kontrolu nad bogatstvom obitelji i postoje mladi ljudi koji planiraju sve vrste zlih shema da bi zaradili novac i onda ga potrošili na razvrat.

Čak i mlada djeca danas smišljaju zle planove. Da bi dobili novac za igraonicu, ili da bi kupili nešto što stvarno žele, oni lažu svojim roditeljima ili čak kradu. I, pošto su svi zaposleni pokušavajući udovoljiti sebi, svaka namjera srca i svako djelo može biti samo zlo. Kada civilizacija učini brz napredak materijalno, društvo brzo postane uronjeno u raspadanje i kulturu samozadovoljavanja. To je točno ono što se danas događa, baš kao u vrijeme Noe kada je grijeh došao do pune mjere u svijetu.

Izbjeći Božji sud

Ljudi koji vole Boga i oni koji su duhovno budni kažu da je Gospodov povratak jako blizu. I kao što je zapisano u Bibliji, znakovi kralja vremena, o kojima je Gospod pričao, počinju vrlo jasno izlaziti. Čak i nevjernici često kažu da smo mi u krajnjim vremenima. Propovjednik 12:14 govori, "Jer će svako djelo Bog iznijeti pred sud, sve skriveno, bilo dobro ili zlo." Prema tome mi moramo znati da je kraj blizu i mi se moramo boriti protiv grijeha do točke prolijevanja krvi, te odbaciti sve oblike zla i postati pravedni.

Oni koji prihvate Isusa Krista i oni čija su imena zapisana u

Knjizi Života na Nebu će dobiti vječan život i uživati u vječnim blagoslovima. Oni će biti nagrađeni prema njihovim djelima, tako da će neki biti smješteni na poziciju sjajnu kao sunce, a neki će biti smješteni na poziciju sjajnu kao mjesec, ili zvijezde. U drugu ruku, nakon Suda Velikog Bijelog Trona oni čije su misli srca zle i oni čije su namjere zle, te oni koji odbijaju prihvatiti Isusa Krista, niti vjerovati u Boga, će patiti vječno u Paklu.

Pa ako želimo izbjeći Božji sud, kao što je zapisano u Poslanici Rimljanima 12:2 mi ne smijemo prihvatiti svijet koji je pun svih vrsta korupcije i grijeha. Mi bismo trebali obnoviti naša srca i biti preobraženi tako da možemo odgonetnuti Božju dobru, ugodnu i savršenu volju, te djelovati prema njoj. Kao što je Pavao ispovjedio, "Dnevno umirem," mi se moramo podčiniti Kristu i živjeti prema Božjoj Riječi. Na taj način, naša duša mora uspijevati, tako da mi možemo uvijek imati dobre misli i djelovati iz dobrote. Onda, mi ćemo uspijevati u svim aspektima naših života i mi ćemo biti dobrog zdravlja, te u konačnici ćemo uživati u vječnim blagoslovima na Nebu.

Poglavlje 13

Ne idi protiv Njegove volje

"Korah, sin Jisharov, sin Kehatov, sin Levijev, pa Datan i Abiram, sinovi Eliabovi, i On, sin Peletov - potomci Rubenovi - ustanu protiv Mojsija zajedno sa dvjesta pedeset Izraelaca, glavara zajednice, uglednih na skupštini i ljudi na glasu. Oni se sjate oko Mojsija i Arona govoreći im: 'Vi prelazite mjeru! Sva je zajednica, svi njezini članovi, posvećena i među njima je Jahve. Zašto se onda uzvisujete iznad zajednice Jahvine!'"
(Brojevi 16:1-3)

"A kad on završi sve te riječi, tlo se pod njima raspukne; zemlja rastvori svoje ralje i proguta ih s njihovim domovima, sa svim Korahovim ljudima i svim njihovim imanjem. Živi siđu u Šeol, oni i sve njihovo. Onda se nad njima zemlja zatvori i oni iščeznu iz zbora..."
(Brojevi 16:31-35)

Ako slušamo Riječ, držimo Njegove statue i hodamo pravednim putom, mi ćemo primiti blagoslove kada ulazimo i kada izlazimo. Mi primamo blagoslove u svim područjima našeg života. U suprotnom, ako ne slušamo nego samo stojimo protiv Božje volje, onda će sud doći na nas. Mi bismo trebali postati pravo dijete Boga koje Ga voli, sluša Ga cijelim srcem i djeluje prema Njegovim statutima.

Sud dolazi kada stanemo protiv Božje volje

Jednom je postojao čovjek sa pravednim ogorčenjem. On i neki njegovi kolege su skupili svoje volje skupa i planirali su veliku revoluciju da bi pomogli svojoj zemlji. Kako se dan revolucije približavao, volja kolega se pojačavala. Ali izdaja jednog od kolega je prouzrokovala da cijeli plan za spas zemlje propadne. Kako je tužno i tragično kada greška jedne osobe prouzrokuje da se dobra volja mnogih ljudi spriječi od ostvarivanja?

Siromašni muškarac i žena se vjenčaju. Mnogo godina, njih dvoje stežu remen da bi uštedjeli. Oni u konačnici kupe nešto zemlje i počnu lagodnije živjeti. Onda, odjednom, suprug postane ovisan o kocki i piću, a posljedice su da je on prokockao svu njihovu teško stečenu imovinu. Možeš li zamisliti kako je velika bol koju žena osjeća?

Samo u vezama među ljudima, mi možemo vidjeti kakve se tragedije događaju kada ljudi djeluju suprotno od volje onog drugog. Pa što bi se dogodilo ako osoba odluči ići protiv volje Boga, Stvoritelja svemira? Kada čitaš knjigu Brojeva 16:1-

3, postoji događaj gdje su Korah, Datan i On zajedno sa 250 cijenjenih vođa zajednice ustali protiv volje Boga. Mojsije je bio njihov vođa, koje je Bog odabrao za njih. Zajedno sa Mojsijem, sinovi Izraela su trebali postati jedan um da bi prevladali težak život u divljini i ušli u zemlju Kaanan. Ali taj se bolan događaj dogodio.

Kao rezultat, Korah, Datan i On, zajedno sa svojim obiteljima, su živi zakopani kada se zemlja ispod njih otvorila i progutala ih. 250 vođa zajednice je također uništeno sa vatrom GOSPODA. Zašto se to dogodilo? Stajati protiv vođe koje je Bog odabrao je isto kao stajati protiv Boga.

Čak i u našim svakodnevnim životima, slučajevi koji idu protiv Boga se često događaju. Iako Duh Sveti potiče naša srca mi samo idemo protiv ako se Njegova volja ne slaže sa našim mislima ili željama. Što više djelujemo prema našim mislima, a ne Njegovim, to više idemo protiv volje Boga. Nakon nekog vremena, mi nećemo moći čuti glas Duha Svetog. Jer djelujemo prema našoj volji, mi upadamo u nevolje i poteškoće.

Ljudi koji su išli protiv Božje volje

U Brojevima poglavlje 12, postoji scena gdje Mojsijev brat, Aaron i njegova sestra, Miriam, govore protiv Mojsija jer se on oženio za Kušantsku ženu. Oni su ga optuživali, govoreći, "Zar je Gospod govorio samo preko Mojsija? Zar nije govorio i s nama?" (s.2) Odmah, Božji gnjev je došao na Aarona i Miriam i Miriam je postala gubava.

Bog je prekoravao njih dvoje, govoreći: "Kada je među vama prorok, onda se objavljujem ja, Gospod, njemu u viđenju i govorim s njim u snu. A tako ne biva s mojim slugom Mojsijem. On je povjerenik u vodstvu cijele kuće moje; s njim govorim od usta do usta. On smije gledati neskritu podobu i pojavu Gospoda. Zašto se dakle ne pobojaste prekoriti slugu mojega Mojsija?" (s. 6-8).

Onda pogledajmo što znači ići protiv Božje volje, promatrajući neke primjere iz Biblije.

1) Izraelci slave idole

Tijekom Izlaska, sinovi Izraela su vidjeli sa svojim očima deset pošasti koje su pale na Egipat i Crveno more koje se razdvojilo ispred njih. Oni su iskusili tako mnogo različitih vrsta znamenja i čuda da su morali znati da je Bog živi Bog. Ali što su oni napravili dok je Mojsije bio na planini posteći 40 dana da bi primio Deset Zapovijedi od Boga? Oni su sagradili zlatno tele i slavili su ga. Bog je ostavio Izraelce kao odabrane ljude i On ih je naučio da ne slave idole. Ali oni su djelovali protiv Božje volje i oko tri tisuće ih je umrlo kao rezultat toga (Izlazak poglavlje 32).

Isto tako u 1. Ljetopisa 5:25-26 piše, "Ali kad su se iznevjerili Bogu svojih otaca i odali se preljubu s bogovima naroda one zemlje koje je Bog iskorijenio pred njima, probudio je Izraelov Bog neprijateljstvo asirskoga kralja Pula i neprijateljstvo asirskoga kralja Tiglat Pilesera. Oni su odveli u sužanjstvo Rubenovo i Gadovo pleme i polovinu Manašeova plemena. Doveli su ih u

Helah, Habor i Haru i na Gozansku rijeku do današnjega dana." Jer su Izraelci glumili preljubnicu, slavili bogove zemlje Kaanan, Bog je pokrenuo srce kralja Asirije da napadne Izrael i uzme mnoge od njih u zarobljeništvo. Izraelska djela protiv Boga su uzrokovala tu katastrofu.

Razlog zašto je Asirija uništila sjeverno kraljevstvo Izrael, a Babilon uništio južno kraljevstvo Judeju je također zbog štovanja idola.

U današnjim terminima, to je kao štovanje idola koji je napravljen od zlata, srebra, bronce, itd. Isti je slučaj sa ljudima koji stavljaju prokuhanu glavu svinje na stol i klanjaju se duhovima svojih umrlih predaka. Kako je sramotna scena kada ljudi koji su najviša stvorenja spuštaju glavu pred mrtvom svinjom i pitaju za blagoslov!

U Izlasku 20:4-5 Bog daje zapovijed govoreći, "Ne pravi sebi lika ni obličja bilo čega što je gore na nebu, ili dolje na zemlji, ili u vodama pod zemljom. Ne klanjaj im se niti im služi."

On je također jasno spomenuo slučajeve koji će doći na njih ako olako shvate zapovijedi i ne slušaju ih. On je također naglasio blagoslove koje će primiti ako upišu zapovijedi u svoja srca i drže ih. On je rekao, "Jer ja, Gospod, Bog tvoj, jesam Bog revnitelj, koji kazni zlodjela otaca na djeci, na unučadi i praunučadi onih, koji me mrze, a milosrđe iskazuje do u tisućno koljeno onima, koji me ljube i drže zapovijedi moje."

Zbog toga kada mi pogledamo oko sebe, mi možemo vidjeti da obitelji koje su imale povijest idolopoklonstva imaju mnoge vrste patnji. Jedan dan, crkveni član koji se klanjao pred idolom je iskusio poteškoću. Njena usta, koja su bila potpuno normalna ranije, postala su iskrivljena i deformirana tako teško da ona nije mogla ispravno pričati. Kada sam ju pitao što se dogodilo, ona mi je rekla da je otišla posjetiti svoju obitelj tijekom blagdana i nije mogla prevladati pritisak da se pokloni pred tradicionalnom žrtvom precima, posustala je i poklonila se. Slijedeći dan, njena usta su postala izvrnuta na stranu. Na sreću, ona se potpuno pokajala pred Bogom i primila molitvu. Njena usta su ozdravila i vratila se u normalu. Bog ju je vodio do puta spasenja dajući joj lekciju temeljito shvatiti da je idolatrija put uništenja.

2) Faraon odbija pustiti Izraelce

U Izlasku poglavlja 7-12, sinovi Izraela, koji su bili robovi u Egiptu, su pokušali napustiti Egipat pod vodstvom Mojsija. Ali Faraon ih nije želio pustiti i zbog tog razloga velika katastrofa je pala na faraona i Egipat. Bog Stvoritelj je autor života i smrti čovječanstva, prema tome nitko ne može ići protiv Njegove volje. Božja volja je bila za Izlazak ljudi Izraela. Ali faraon, čije je srce bilo otvrdnuto, miješao se u volju Boga.

Prema tome, Bog je doveo deset pošasti na Egipat. Tijekom tog vremena cijela nacija se počela kidati. Konačno, faraon je nevoljko pustio sinove Izraela, ali on je imao gnjev u srcu. Pa, on se predomislio i poslao je svoju vojsku za njima, čak do Crvenog mora koje se razdvojilo. U konačnici, cijela se Egipatska vojska koja je progonila Izraelce utopila u Crvenom moru. Faraon je otišao protiv Božje volje do gorkog kraja, pa je sud došao na njega. Ako mu je Bog pokazao mnogo puta da je On živi Bog, faraon je trebao shvatiti da je Bog Jedan i jedini pravi Bog. On je trebao slušati Njegovu volju. Čak i sa ljudskim standardima, pustiti Izraelce je bila ispravna stvar za učiniti.

Da jedna nacija zarobi cijelu rasu kao robove je jednostavno pogrešno. Nadalje, Egipta je mogao izbjeći veliku glad zahvaljujući Josipu, Jakovljevom sinu. Usprkos činjenici da je 400 godina prošlo, bila je povijesna činjenica da Egipat duguje Izraelu jer su ih spasili kao naciju. Ali umjesto vraćanja Izraelu za milost koju su primili, Egipat ih je potisnuo u službu kao robove. Pa koliko je to zlo bilo? Faraon, koji je imao apsolutnu moć, je bio osoba puna pohlepe. Zbog toga se on borio protiv Boga do samog kraja, te je on primio Njegov konačan sud.

Takvi ljudi postoje i u našem današnjem društvu i Biblija nas upozorava da takve ljude sud očekuje. Uništenje čeka one koji odbijaju vjerovati u Boga zbog svojeg znanja i ponosa i one koji budalasto pitaju "Gdje je Bog?"

Čak i ako oni ispovijede da vjeruju Boga, ako oni zanemare Božje zapovijedi sa svojim hirovima i tvrdoglavosti, ako oni imaju neprijateljstvo ili ogorčenosti prema drugima, ili ako su oni vođe u crkvi i tvrde da rade za Božje kraljevstvo, a ipak zbog svoje ljubomore ili pohlepe oni uzrujavaju ili iritiraju one oko sebe, oni nisu niti malo drugačiji od faraona.

Znajući da je Božja volja za nas živjeti u Svjetlu, ako mi nastavimo živjeti u tami, onda ćemo mi iskusiti istu vrstu patnje koju nevjernici doživljavaju. To je zbog toga što Bog stalno upozorava ljude, ali oni ne slušaju dok idu protiv Božje volje krećući se prema svijetu.

U suprotnom, kada osoba živi pravedno, njeno srce postaje čisto i zbog toga što njeno srce počinje sličiti Božjem srcu, neprijatelj vrag odlazi. Bez obzira kakvu vrstu ozbiljne bolesti osoba može imati, bez obzira na kakvu vrstu sudova i iskušenja ona može doći, ako ona nastavi djelovati u pravednosti pred Bogom, ona će postati snažna i zdrava, te će svi sudovi i iskušenja nestati. Ako je osoba prljava, žohari, miševi i sve vrste prljavih štetočina će se pojaviti. Ali ako je kuća očišćena i dezinficirana, štetočine tu ne mogu više živjeti i oni prirodno nestaju. To je isto.

Kada je Bog prokleo zmiju koja je potaknula čovjeka, On je rekao da će ona, "Po trbuhu svome puzat ćeš i zemlju jesti sveg života svog" (Postanak 3:14). To ne znači da će zmija jesti prašinu sa zemlje. Duhovno značenje ovoga je da Bog govori neprijatelju vragu- koji je potaknuo zmiju- da jede tijelo čovjeka, koji je oblikovan iz prašine. Duhovno, "tijelo" je nešto što se mijenja i nestaje. To označava neistine koje su put smrti.

Stoga, neprijatelj vrag donosi iskušenja, nevolje i patnje čovjeku tijela koji griješi usred neistina i u konačnici vodi ga do puta smrti. Međutim, neprijatelj vrag ne može prići blizu svetom čovjeku koji je bez grijeha i koji živi prema Riječi Boga. Prema tome, ako mi živimo u pravednosti, čak i bolesti, sudovi i iskušenja će prirodno bježati od nas.

U Jošui poglavlje 2, postoji osoba koja je , u suprotnosti faraonu, bio nevjernik, ali je pomogao ispuniti Božju volju i primio je blagoslove kao rezultat. Ta osoba je bila žena Rahaba koja je živjela u Jerihonu u vrijeme Izlaska. Nakon izlaska iz Egipta i lutanja u divljini 40 godina, Izraelci su upravo prešli rijeku Jordan. Onda su se utaborili i pripremali za napad na Jerihon u bilo kojem trenutku.

Rahaba nije bila Izraelka, ali je čula o njima kroz glasine. Ona je shvatila da je GOSPOD, Bog, koji kontrolira cijeli svemir, sa ljudima Izraela. Ona je također znala da taj Bog nije bio vrsta boga koja će ubijati nemarno ili nemilosrdno bez ikakvoga razloga. Jer je Rahaba znala da je GOSPOD Bog, Bog pravde, ona je zaštitila Izraelske špijune tako da ih je sakrila. Jer je Rahaba znala Božju volju i pomogla ispuniti Njegovu volju, ona i njena cijela obitelj su bili spašeni kada je Jerihon uništen. I mi također moramo izvršavati Božju volju da bismo vodili duhovni život gdje mi možemo primiti riješenje na razne probleme i primiti odgovore na naše molitve.

3) Svećenik Eli i njegovi sinovi krše Božji red

U 1. Samelovoj poglavlje 2. mi vidimo da su sinovi svećenika Elija bili ljudi bez zakona, dirali su hranu koja je bila ostavljenja sa strane za Boga, te su čak lijegali sa ženama koje su služile na ulazu u Šator Sastanka. Međutim, njihov otac, svećenik Eli, ih je jednostavno prekorio sa riječima i nije poduzeo nikakva djela da bi zaustavio njihove pogrešne radnje. Na kraju, njegovi sinovi su ubijeni u ratu protiv Filistejaca, a svećenik Eli je slomio svoj vrat i umro nakon što je pao iz svoje stolice kad je čuo vijesti. Eli je umro na taj način zbog svojeg grijeha jer nije ispravno naučio svoje sinove.

Isto vrijedi i za danas. Ako mi vidimo ljude oko nas koji čine preljub u tijelu, ili koji odstupaju od Božjeg reda i mi ih samo prihvatimo bez da ih ispravno naučimo što je točno a što pogrešno, mi nismo drugačiji od svećenika Elija. Ovdje, mi moramo pogledati na sebe i vidjeti jesmo li kao Eli i njegovi sinovi na bilo koji način.

Isto vrijedi za korištenje desetine i prinosa zahvalnosti za osobnu korist koji su ostavljeni sa strane za Boga. Kada ne dajemo cijelu desetinu i prinose, to je kao krađa od Boga, prema tome kletva će pasti na našu obitelj, ili naciju (Malahija 3:8-9). Isto tako, što god je određeno kao prinos Bogu ne bi trebalo biti zamijenjeno za nešto drugo. Ako si već odlučio u svojem srcu učiniti prinos Bog, ti to moraš izvršiti. I ako to želiš zamijeniti za nešto bolje, ti moraš prinijeti i prvo i drugo.

Isto tako, nije ispravno za vođu ćelije ili blagajnika ćelije u crkvi koristiti skupljenu članarinu kako oni žele. Korištenje crkvenih fondova za svrhu drugačiju od namijenjene, ili korištenje novca koji je ostavljen sa strane za određen događaj sa drugačijom svrhom, također spada u kategoriju "krađe od Boga." Nadalje, stavljati svoju ruku u Božju blagajnu je krađa baš kao Juda Iškariot. Ako netko krade Božji novac, on čini veći grijeh nego su to učinili Elijevi sinovi i to mu neće biti zaboravljeno. Ako netko počini taj grijeh zbog toga što nije znao bolje, on to mora ispovjediti i potpuno se pokajati, te on nikad ne smije počiniti taj grijeh opet. Ljudi postaju prokleti zbog tih vrsta grijeha. Tragični događaji, nesreće i bolesti dolaze u njihove događaje i vjera im se također ne može dati.

4) Mladići koji su se rugali Elizeju i drugi slični slučajevi

Elizej je bio moćan sluga Boga koji je komunicirao sa Njim i On je garantirao za njega. Ali u 2. Kraljevima poglavlje 2. ti nailaziš na scenu gdje je veći broj mladića došao u grupi, slijedeći Elizaja i rugajući mu se. Oni su bili tako zli da su ga slijedili od unutar grada, pa cijelim putem iz grada, vičući, "Hodi, ćelo! Hodi, ćelo!" Konačno, Elizej više nije mogao trpiti i on ih je prokleo u ime GOSPODA i dvije medvjedice su izašle iz šume i ubile njih 42. Pošto Biblija bilježi da ih je 42 umrlo, mi možemo zaključiti da je puni broj djece koji su gnjavili Elizeja zapravo bio puno veći.

Kletve i blagoslovi koji dođu od sluga za koje Bog garantira će se dogoditi točno onako kako oni izgovore. Posebno ako se ti rugaš, blatiš ili ogovaraš osobu Boga, to je kao blaćenje i ruganje Bogu. Prema tome to je jednako ići protiv Božje volje.

I što se dogodilo sa Židovima koji su pribili Isusa na križ i vikali da Njegova krv bude na njima i njihovim potomcima? U 70. godini poslije Krista rimski general Tit je potpuno uništio Jeruzalem. Broj Židova koji su tada ubijeni je bio 1.1 milijun. Nakon toga, Židovi su se raselili kroz svijet i primili su sve vrste poniženja i progona. Onda, još jednom šest milijuna ih je ubijeno sa rukama nacista. Kao što možeš vidjeti, rezultat pobune i hodanja protiv Božje volje donosi strašne posljedice.

Elizejev sluga, Gehazi, je također bio u sličnoj situaciji. Kao Ilijin učenik, koji je primio odgovor vatre, Elizej je primio dva puta inspiraciju koju je njegov učitelj imao. Pa samo moći služiti gospodaru kao što je Elizej je bio veliki blagoslov. Gehazi je osobno posvjedočio brojnim znamenjima koje je Elizej prikazao. Da je on slušao Elizejeve riječi i dobro primio njegova učenja, on bi vjerojatno također primio veliku moć i blagoslove. Nažalost, Gehazi to nije mogao učiniti.

Jednom se dogodilo kada je sa Božjom moći, Elizej ozdravio Aramenskog generala, Naamana, koji je patio od kuge. Naaman je bio tako pokrenut da je želio dati Elizeju veliki dar. Međutim, Elizej ga je jasno odbio. On je to učinio zbog toga što ne primanje dara daje više slave Bogu.

Ali jer nije razumio volju svojeg gospodara i bio je zaslijepljen sa materijalizmom, Gehazi je otišao za generalom Naamanom, lagao mu i primio darove. On je uzeo darove i sakrio ih. Elizej je već znao što se događa, pa je dao Gehaziju šansu da se pokaje, ali on je pobio optužbu i nije se pokajao. Kao rezultat, Naamanova kuga je prešla na Gehazija. To nije bilo djelo koje ide samo protiv Elišejeve volje, nego također protiv Božje volje.

5) Lagati Duhu Svetom

U djelima apostolskim poglavlje 5, postoji događaj gdje, par, Ananija i Safira, lažu Petru. Kao članovi rane crkve, oni su odlučili prodati svoje imanje i ponuditi novac Bogu. Ali kada su zapravo držali novac u svojim rukama, pohlepa ih je obuzela. Pa su oni dali samo dio novca i lagali, govoreći da je to sav novac. Njih dvoje je umrlo kao rezultat tog djela. To je zbog toga što oni nisu lagali samo čovjeku, nego su također lagali Bogu i Duhu Svetom. Oni su testirali Gospodov Duh.

Mi smo podijelili brojne primjere, ali u dodatku na te, postojali su mnogi događaji gdje su ljudi išli protiv volje Boga. Božji zakon ne postoji da bi nas kaznio nego da bi nam pomogao shvatiti što su grijesi, voditi nas do ovisnosti o moći Isusa Krista da bismo ih prevladali i u konačnici nas vodio do primanja Božjih obilnih blagoslova. Pa pogledajmo nazad na sva naša djela da bismo vidjeli da li je ijedan od njih išao protiv volje Boga, te ako je, mi bismo se trebali potpuno okrenuti i djelovati samo prema Božjoj volji.

Peć i slama

"Peć" je ograđena prostorija u kojoj se toplina proizvodi za grijanje prostorija, uništavanje otpada, taljenje ili prerađivanje ruda, itd. U Bibliji, riječ "peć" se koristi da bi se označila Božja iskušenja, sudovi, Pakao, itd. Danielova tri prijatelj Šadrak, Mešak i Adeb su odbili pokloniti se zlatnoj slici Nabukodonozora koja je postavljenja, pa su oni bačeni u vatrenu peć. Međutim, sa Božjom pomoći, oni su izašli živi i neozlijeđeni (Daniel poglavlje 3).

"Slama" je stabljika protresene žitarice, korištena kao postelja ili hrana za životinje, za slamnate krovove, za tkanje ili pletenje, kao u košare. U Bibliji, "slama" se simbolički odnosi na nekog jako nesigurnog i beznačajnog.

Što je arogancija?

Arogancija je ne razmatranje drugih dobrima kao sebe. To znači gledati s visoka na druge ljude i misliti "Ja sam bolji od njih." Jedan od najtipičnijih uvjeta gdje se ovaj tip ponosa pokazuje u osobi je kada osoba misli da je voljena i prepoznata kao vođa organizacije ili grupe kojoj osoba pripada. Bog ponekad koristi metodu upućivanja komplimenata tako da osoba može otkriti da li ona ima ponosnu prirodu.

Jedan od najobičnijih oblika ponosa je suđenje i osuđivanje drugih. Mi moramo posebno biti pažljivo da nemamo duhovni ponos koji uzrokuje suđenje drugih sa Riječi Boga, što bi se strogo trebalo koristiti na bazi gledanja u sebe. Duhovni ponos je jako opasan oblik zla jer ga nije lako otkriti; prema tome mi moramo posebno paziti da ne budemo duhovno arogantni.

Poglavlje 14

"Tako kaže GOSPOD nad Vojskama..."

"'Jer evo dan dolazi poput peći užaren; oholi i zlikovci bit će kao strnjika: dan koji se bliži spalit će ih - govori Jahve nad Vojskama - da im neće ostati ni korijena ni grančice. A vama koji se Imena moga bojite sunce pravde će ogranuti sa zdravljem u zrakama, i vi ćete izlaziti poskakujući kao telad na pašu. I gazit ćete bezbožnike kao prah pod nogama u dan koji spremam' - govori Jahve nad Vojskama."
(Malahija 4:1-3)

Jer će svako djelo Bog iznijeti pred sud, sve skriveno, bilo dobro ili zlo (Propovjednik 12:14). Mi možemo vidjeti da je to sigurno tako ako pogledamo na povijest čovječanstva. Ponosna osoba traži svoju vlastitu korist. On gleda s visoka na druge i sakuplja zlo da bi imao veće bogatstvo. Međutim, uništenje ga čeka na kraju. U suprotnom, ponizna osoba koja se boji Boga može se činiti budalastom ili se ona suočava sa poteškoćama na početku, ali ona prima veće blagoslove i poštovanje svih ljudi na kraju.

Bog odbacuje ponos

Usporedi dvije žene u Bibliji, Vašti i Esteru. Kraljica Vašti je bila kraljica kralja Ahasvera, kralja perzijskog carstva.

Jednog dana, kralj Ahasver je priredio gozbu i pitao kraljicu Vašti da dođe pred njega na gozbi. Međutim, Vašti, jer je imala ponos u svoju poziciju i bila je velika ljepotica, odbila je kraljev zahtjev. Kralj, koji je postao jako ljutiti, odstranio je kraljicu sa njene pozicije. Što je bilo drugačije sa situacijom Estere, koja se uzdigla na poziciju kraljice nakon Vašti?

Estera, koja se uzdigla na poziciju kraljice, je bila izvorno Židovska zatvorenica koja je dovedena u Babilon tijekom vladavine kralja Nabukodonosora. Estera nije bila samo lijepa, nego je također bila mudra i ponizna. Jedno vrijeme njeni ljudi su iskusili velike poteškoće zbog Ameličanina imenom Haman. Onda, Estera je provela tri dana u postu i molitvi, te se onda sa odlučnosti sa kojom će ona umrijet ako bude morala pročistila se, obuka svoju kraljevsku odjeću i ponizno stala pred kralja. Jer je djelovala sa takvom poniznosti pred kraljem i svim drugim ljudima, ne samo da je primila kraljevu ljubav i povjerenje, nego je također mogla izvršiti veliki zadatak spašavanja svojih vlastitih ljudi.

Pošto je zapisano u Jakovljevoj poslanici 4:6, "Bog se oholima protivi, a poniznima daje milost," mi nikad ne smijemo postati ponosna osoba koja izbacuje Boga. I kao što je zapisano u Malahiji 4:1, "Oholi i zlikovci bit će kao strnjika," ovisno o tome koristi li osoba svoju mudrost, znanje i moć za dobro ili zlo, rezultat će biti drastično različit. Dobar primjer ovoga bi bili David i Šaul.

Kada je David postao kralj, njegove prve misli su bile o Bogu i slijedio je Njegovu volju. Davida je Bog blagoslovio jer se on ponizno molio pred Njim, tražeći mudrost da bi znao kako osnažiti naciju i donijeti mir svojim ljudima.

Međutim, Šaul je postao prevladan sa pohlepom i on se brinuo o gubitku svojeg mjesta kao kralj, pa je on izgubio puno svojeg vremena pokušavajući ubiti Davida, koji je primio ljubav od Boga i ljubav od svojih ljudi. Jer je bio tako ponosan, nije poslušao prorokove prijekore. U konačnici, Bog ga je odbacio i umro je jadnom smrću usred Borbe.

Pa sa jasnim razumijevanjem kako GOSPOD Bog sudi ponosnima, mi bismo trebali potpuno odbaciti ponos. Ako odstranimo ponos i postanemo ponizni, Bog je zadovoljan sa nama i sa nama je kroz odgovore na naše molitve. Mudre izreke 16:5 kažu, "Mrzak je Jahvi svatko ohola duha: takav zaista ne ostaje bez kazne." Bog mrzi ponosno srce tako puno da svatko tko sklopi ruke sa ponosnim čovjekom će također biti kažnjen sa njim. Zli ljudi se često skupljaju zajedno sa zlim ljudima, a dobri ljudi se skupljaju zajedno sa dobrim ljudima. Ovo sklapanje ruku također dolazi od ponosa.

Ponos kralja Ezekija

Pogledajmo malo pobliže na to koliko Bog mrzi ponos. Među kraljevima Izraela, bilo je mnogih koji su na početku svoje vladavine voljeli Boga i slušali Njegovu volju, a tijekom vremena su postali ponosni, išli protiv Božje volje i nisu Ga slušali. Jedan od tih kraljeva je kralj Ezekija, 13. kralj južnog kraljevstva Judeje.

Kralja Ezekija, koji je postao kraljem nakon svojeg oca, Ahaza, Bog je volio jer je on bio pošten, kao što je to David bio. On je odstranio strane oltare i visoka mjesta, te je pokidao svete stupove unutar nacije. Potpuno je počistio naciju od svih idola koje Bog mrzi, kao što su Ašerini stupovi koje je on dao srušiti (2. Ljetopisa 29:3-30:27).

Ali kada je nacija počela doživljavati političke poteškoće zbog pogrešaka prošlog kralja koji je bio nesređen i nepravedan, umjesto pouzdavanja i vjerovanja u Boga, kralj Ezekija je dogovorio savezništvo sa susjednim zemljama kao što su Egipat, Filistejci, Sidon, Moab i Amon. Izaija je prekorio kralja Ezekiju nekoliko puta da je on počinio nepromišljeno djelo koje ide protiv volje GOSPODA:

Jer je bio pun ponosa, kralj Ezekija nije slušao Izaijina upozorenja. U konačnici, Bog je napustio Judeju i Sanherib, kralj Asirije je udario Judeju i porazio ju. Pa kralj Sanherib je pokorio Judeju i uzeo 200000 ljudi kao zarobljenike. I kada je kralj Sanherib zahtijevao da kralj Ezekija plati veliku odštetu,

Ezekija je popustio tim zahtjevima skidajući sa Hrama i palače prevrijedne ukrase i ispraznio je nacionalnu riznicu. Predmeti Hrama ne bi trebao bilo tko dirati. Ali zbog toga što je Ezekija predao te svete predmete sa svojom odlukom i za svoje vlastito preživljavanje, Bog nije mogao pomoći nego okrenuti svoje lice od njega.

Kada je Sanherib nastavio prijetiti Ezekiji čak i nakon što je primio veliku odštetu, Ezekija je konačno shvati da ništa ne može učiniti sa svojom moći, pa je otišao pred Boga i molio se, pokajao i zazvao Ga. Kao rezultat, Bog mu je pokazao milost i porazio Asiriju. Mi možemo iskusiti istu lekciju u našim obiteljima, radnom mjestu, poslu i u našim vezama sa susjedima, te našom braćom i sestrama. Ponosna osoba ne može primiti ljubav; a kamo li primiti pomoć u vremenima nevolja.

Ponos vjernika

Demoni ne mogu ući u osobu koja vjeruje u Boga jer ju Bog štiti. Međutim, postoje slučajevi gdje demoni ulaze u ljude koji tvrde da vjeruju u Boga. Kako se to može dogoditi? Bog se protivi ponosu. Pa ako osoba postane ponosna do točke da Bog okrene Svoje lice od nje, demoni mogu ući u nju. Ako osoba postane duhovno ponosna, Sotona može prouzrokovati da ju demoni zaposjednu i kontroliraju je, te uzrokuju da počini zla djela.

Čak i ako se zaposjednutost ne dogodi, ako vjernik postane duhovno ponosan, on može povrijediti istinu i kao rezultat postati ožalošćen. Jer on ne sluša Riječ Boga, Bog nije sa njim i sve mu ne ide dobro u životu. Kao što je zapisano u Mudrim izrekama 16:18, "Pred slomom ide oholost i pred padom uznositost," ponos nije koristan na bilo koji način. Zapravo, ono donosi samo bol i patnju. Mi moramo znati da je duhovni ponos apsolutni parazit i mi ga moramo potpuno uništiti.

Pa kako mogu vjernici znati jesu li ponosni? Ponosna osoba misli da je upravu, pa ona ne podnosi jako dobro kritiku drugih ljudi. Ne djelovati prema Riječi Boga je također oblik ponosa, jer to pokazuje da osoba ne poštuje Boga. Kada je David prekršio Božju zapovijed i griješio, Bog ga je oštro prekorio, govoreći, "jer si me prezreo" (2. Samuelova 12:10). Pa ne moliti se, ne voljeti, ne slušati i ne biti u mogućnosti vidjeti brvno u vlastitom oku, isticati trun u oku drugoga su sve primjeri ponosa.

Gledati s visoka na druge dok ih sudimo i osuđujemo prema našim standardima, hvalisanje, praviti se važan, sve su to oblici ponosa. Skakati na svaku priliku da se uključiš u debate i verbalne prepirke su također oblici ponosa. Ako si ponosan, ti želiš biti posluživan i želiš doći do vrha. I, dok pokušavaš dobiti korist za sebe i stvoriti ime za sebe, ti počinješ sakupljati zlo.

Ti se moraš pokajati od tog tipa ponosa i postati ponizna osoba da bi uživao u uspješnom i radosnom životu. Zbog toga je Isus rekao, "Ako se ne obratite i ne budete kao djeca, nećete ući u kraljevstvo nebesko" (Po Mateju 18:3). Ako osoba postane ponosna u srcu i ona misli da je uvijek upravu, te ona stalno pokušava obraniti svoje sa samopoštovanje i ubaciti svoje vlastite misli, onda on ne može prihvatiti Božju Riječ posebno na takav način, prema tome on ne može čak ni primiti spasenje.

Ponos lažnih proroka

Ako pogledaš na Stari Zavjet, ti ćeš vidjeti vrijeme kada su kraljevi pitali proroke o budućim događajima i djelovali su prema njihovim savjetima. Kralj Ahab je bio sedmi kralj sjevernog kraljevstva Izraela i u vrijeme njegove smrti, u zemlji, slavljenje Baala je prevladavalo, a na stranom frontu, rat agresije sa Aramom je bio u punom ubrzanju. To je rezultiralo zbog toga što Ahab nije želio poslušati upozorenja proroka Miheja i umjesto toga je vjerovao u riječi lažnih proroka.

U 1. kraljevima 22. kralj Ahab pita kralja Jošafata iz Judeje da mu se pridruži u preuzimanju Ramon Gileda iz ruku kralja Arama. U to vrijeme, kralj Jošafet, koji je volio Boga, predložio mu je da se prvo savjetuje sa prorocima da bi tražio Božju volju prije donošenja odluke. Onda je kralj Ahab sakupio četiri stotine lažnih proroka koji su mu uvijek laskali i upitao ih je za savjet. Oni su jednoglasno prorekli Izraelsku pobjedu.

Međutim, Mihej, pravi prorok, prorekao je da će biti poraz. Na kraju, Mihejevo proročanstvo je ignorirano i dva kralja su se skupila i otišla u rat sa Aramom. Koji je bio rezultat? Rat je završio bez pobijede na obije strane. I kralj Ahab, koji je postao stjeran u kut, maskirao se kao vojnik da bi pobjegao sa bojišta, ali je pogođen sa nasumičnom strijelom i umro od gubitka krvi.

To je bila posljedica toga što je Ahab slušao proročanstvo lažnih proroka i nije slušao proročanstvo Miheja, pravog proroka. Lažni proroci i lažni učitelji će primiti Božji sud. Oni će biti bačeni u Pakao- u jezero sumpora, koje je sedam puta toplije od jezera vatre (Otkrivenje 21:8).

Pravi prorok sa kojim je Bog ima pravo srce pred Bogom, te stoga, on može imati pravo proročanstvo. Lažni proroci, oni koji samo nose titulu ili poziciju sa razmetljivosti, će govoriti svoje mišljenje kao da su to proročanstva i voditi svoje nacije u uništenje, ili voditi svoje ljude da zastrane. Bilo da je to unutar institucije obitelji, zemlje, ili crkve, ako mi slušamo riječi dobre i prave osobe, mi ćemo iskusiti mir dok slijedimo dobrotu. Ali, ako slijedimo put zle osobe, mi ćemo iskusiti patnju i uništenje.

Sud za ljude koji djeluju sa ponosom i zlom

1. poslanica Timoteju 6:3-5 kaže, "A tko drukčije naučava i ne prianja uza zdrave riječi, riječi Gospodina našega Isusa Krista, i nauk u skladu s pobožnošću, nadut je, puka neznalica, samo boluje od rasprâ i rječoborstava, od kojih nastaje zavist, svađa, pogrde, zla sumnjičenja, razračunavanja ljudi pokvarene pameti i lišenih istine, što pobožnost smatraju dobitkom."

Božja Riječ sadrži svu dobrotu; prema tome nikakva druga doktrina nije potrebna. Jer je Bog savršen i dobar, samo Njegova učenja su točna. Međutim, uobraženi ljudi, ne znajući istinu, govore o drugačijim doktiranama stvarajući argumente i hvale se sa sobom. Ako mi podignemo "kontroverzna pitanja", mi se svađamo da smo samo mi upravu. Ako imamo "rasprave sa riječima" to znači da mi podižemo naše glasove i svađamo se sa riječima. Ako imamo "zavist", to znači da mi želimo ozlijediti nekoga ako oni prime više ljubavi od nas. Mi uzrokujemo "svađu" ako se upustimo u rasprave koje donose razdore među ljudima. Ako mi postanemo tako uobraženi, naša srca postaju korumpirana i mi činimo radove tijela- koje Bog mrzi.

Ako se ponosna osoba ne pokaje i okrene sa svojih putova, Bog će okrenuti svoje lice od njega i on će primiti sud. Bez obzira koliko on zavapi, "Gospode, Gospode" i ispovijeda da vjeruje u Boga, ako se on ne pokaje i nastavi činiti zlo, na Sudnji Dan, on će biti bačen u vatru Pakla zajedno sa svom drugom pljevom.

Blagoslovi pravednih koji se boje Boga

Osoba koja stvarno vjeruje u Boga će pokidati svoj ponos i zla djela te postati pravedan čovjek koji se boji Boga. Što znači bojati se GOSPODA Boga? Mudre izreke 8:13 govore, "Strah Gospodnji mržnja je na zlo. Oholost, samodostatnost, put zloće i usta puna laži - to ja mrzim." Ako mrzimo zlo i odbacimo sve oblike zla, mi postajemo ljudi koji djeluju iz pravednosti u Božjem vidu.

Takvim ljudima, Bog dijeli Svoju obilnu ljubav i daje im spasenje, odgovore na molitve i blagoslove. Bog kaže, "A vama koji se Imena moga bojite sunce pravde će ogranuti sa zdravljem u zrakama, i vi ćete izlaziti poskakujući kao telad na pašu. I gazit ćete bezbožnike kao prah pod nogama u dan koji spremam"

(Malahija 4:2-3).

Onima koji se boje Boga i drže Njegove zapovijedi, kako se primjenjuje na svaku osobu (Propovijednik 12:13), Bog ih blagoslivlja sa bogatstvima, časti i životom (Mudre izreke 22:4). Prema tome oni primaju odgovore na molitve, ozdravljenja i blagoslove tako da oni mogu skakati kao telad iz štale i uživati u pravoj radosti.

U Izlasku 15:26, Bog govori "Ako doista budeš rado slušao glas Gospoda, Boga svojega, i ako budeš činio, što je pravo u očima njegovim, i ako se pokoriš zapovijedima njegovim i ispuniš sve uredbe njegove, onda nijedne od onih bolesti, što sam ih stavio na Egipat, neću pustiti na tebe. Dapače ja, Gospod, bit ću spasitelj tvoj." Bez obzira na to kakva vrsta bolesti može doći do nas, osoba koja se boji Boga primiti će ozdravljenje i živjet će sretnim životom, te u konačnici, ona će ući na Nebo i uživati u vječnoj časti i slavi.

Prema tome mi se moramo pažljivo provjeravati. I ako pronađemo bilo kakve oblike ponosa i zla u nama, mi bismo se trebali pokajati i okrenuti od tih zlih putova. Konačno, postanimo pravedni ljudi koji se boje Boga sa poniznosti i službom.

Poglavlje 15

O Grijehu, Pravednosti i Sudu

"No kažem vam istinu: bolje je za vas da ja odem: jer ako ne odem, Branitelj neće doći k vama; ako pak odem, poslat ću ga k vama. A kad on dođe, pokazat će svijetu što je grijeh, što li pravednost, a što osuda: grijeh je što ne vjeruju u mene; pravednost - što odlazim k Ocu i više me ne vidite; a osuda - što je knez ovoga svijeta osuđen."
(Po Ivanu 16:7-11)

Ako vjerujemo u Isusa Krista i otvorimo naša srca da bismo Ga prihvatili kao našeg Spasitelja, Bog nam daje Duh Sveti kao dar. Duh Sveti nas vodi da budemo ponovno rođeni i pomaže nam shvatiti Božju Riječ. On radi na mnogo načina, kao što je da nas vodi do života u istini, te nas vodi do potpunog spasenja. Prema tome, kroz Duha Svetog, mi moramo naučiti što je grijeh i znati kako reći razliku između što je dobro i pogrešno. Mi također moramo naučiti djelovati u pravednosti tako da možemo ući u Nebo i izbjeći sud Pakla.

O grijehu

Isus je rekao Svojim učenicima o tome kako će On morati umrijeti pribijen na križ i o iskušenjima sa kojima će se učenici morati susresti. On ih je također potaknuo govoreći im kako će Njegovo usknusće i uzašašće na Nebo slijediti dolazak Duha Svetog, te o svim čudesnim stvarima koje će oni dobiti kao rezultat toga. Isusovo uzašašće je bio ključni korak za slanje Duha Svetog, Pomagača.

Isus je rekao da kada Duh Sveti dođe, On će osuditi svijet prema grijehu, pravednosti i sudu. Onda što znači da će Duh Sveti, "osuditi svijet prema grijehu"? Kao što je zapisano po Ivanu 16:9, "grijeh je što ne vjeruju u mene," ne vjerovati u Isusa Krista je grijeh i to znači da će ljudi koji ne vjeruju u Njega u konačnici susresti sud. Zašto je onda ne vjerovati u Isusa Krista grijeh?

Bog ljubavi je poslao Svojeg jedinog začetog Sina, Isusa Krista, u ovaj svijet da bi otvorio put spasenja za čovječanstvo koje je postalo grešno zbog neposlušnosti Adama. Umirući na križu, Isus je otkupio čovječanstvo od svih grijeha, otvorio put spasenja i postao jedan i jedini Spasitelj. Prema tome, ne vjerovati u tu činjenicu, znajući je, je samo po sebi grijeh. I osoba koja ne prihvati Isusa Krista kao svojeg Spasitelja ne može primiti oprost od grijeha, tako da on ili ona ostaju grešnici.

Zašto On sudi prema grijehu

Mi možemo vidjeti da postoji Bog Stvoritelj samo gledajući na svo stvaranje. Poslanica Rimljanima 1:20 govori "Jer što se na njemu ne može vidjeti, od postanja svijeta moglo se je spoznati i vidjeti na stvorenjima, i njegova vječna sila i božanstvo, te nemaju izgovora." To znači da nitko ne može činiti isprike da nisu vjerovali jer nisu znali o Bogu.

Čak i mali ručni sat se ne može samo slučajno sklopiti bez ljudskog dizajnera i tvorca. Onda kako može najkompleksniji i najzamršeniji svemir, samo slučajno nastati sam od sebe? Samo promatrajući svemir, čovjek može otkriti Božju božanstvenu i vječnu moć.

I u ovom dobu, Bog Se pokazuje sa prikazivanjem znamenja i čuda kroz one ljude koje On voli. Mnogi ljudi danas su vjerojatno iskusili barem jednom evangelizaciju da vjeruju Boga, jer je On stvaran. Neki ljudi su možda čak osobno posvjedočili čudu, ili čuli o tome od svjedoka koji je to vidio. Ako, čak i nakon što vidi i čuji o tim znamenjima i čudima, osoba ne vjeruje jer je njeno srce otvrdnuto, onda će ona u konačnici ići putem smrti. To je ono što znači kada Sveto Pismo kaže da će Duh Sveti "osuditi svijet prema grijehu".

Razlog zašto ljudi ne prihvaćaju evanđelje je obično zbog toga što oni žive život grijeha dok progone svoju korist. Misleći da je ovaj svijet sve, oni ne mogu vjerovati u Nebo i vječan život.

Po Mateju poglavlje 3, Ivan Krstitelj vapi prema ljudima da se pokaju, jer je kraljevstvo neba blizu. On je također rekao, "Već je sjekira položena na korijen stablima. Svako dakle stablo koje ne donosi dobroga roda, siječe se i u oganj baca" (s.10) i "U ruci mu vijača, pročistit će svoje gumno i skupiti žito u svoju žitnicu, a pljevu spaliti ognjem neugasivim" (s.12).

Ratar sije, kultivira i žanje plodove. On onda uzima žitaricu u silos i odbacuje pljevu. Bog to isto radi. Bog kultivira čovječanstvo i vodi do vječnog života Svoju pravu djecu koja žive u istini. Ako oni progone svijet i ostanu grešnici, On ih mora ostaviti same da idu putem uništenja. Pa da bismo postali pšenica i primili spasenje, mi prvo moramo postati pravedni i slijediti Isusa Krista sa vjerom.

O pravednosti

Po Božjom providnosti, Isus je došao u ovaj svijet i umro na križu da bi riješio čovjekov problem grijeha. Međutim, On je mogao prevladati smrt, uskrsnuti i otići na Nebo jer On nema izvorni grijeh, nema počinjeni grijeh i On je živio u pravednosti. Po Ivanu 16:10 Isus je rekao, "...pravednost - što odlazim k Ocu i više me ne vidite..." Ovdje postoji implicitno značenje sadržano u ovim riječima.

Jer Isus nema nikakvih grijeha, On je mogao ispuniti Svoju misiju za dolazak u ovaj svijet. On nije mogao biti privezan sa smrću i On je uskrsnuo. On je također otišao pred Boga Oca da bi dobio Nebo kao prvi plod uskrsnuća. To je ono što On naziva "pravednosti". Pa kada mi prihvatimo Isusa Krista, mi primamo dar Duha Svetog i mi dobivamo autoritet da postanemo Božja djeca. Kroz prihvaćanje Isusa Krista mi prelazimo iz djece vraga u to da postanemo ponovno rođeni kao sveta djeca Boga.

To znači primiti spasenje tako da se nazivamo "pravednima" kroz vjeru. To nije zbog toga što smo učinili nešto što zaslužuje spasenje. Mi primamo spasenje samo kroz vjeru i mi ne plaćamo cijenu. Zbog toga bismo uvijek trebali biti zahvalni Bogu i živjeti u pravednosti. Mi možemo obnoviti sliku Boga kada se borimo protiv grijeha do točke prolijevanja krvi i odbacimo ga da bismo oponašali srce našeg Gospoda.

Zašto on sudi prema pravednosti

Ako ne živimo u pravednosti, čak nam se i nevjernici rugaju. Vjera je potpuna kada ju slijede djela i vjera bez djela je mrtva vjera (Jakovljeva poslanica 2:17). Nevjernici sude i osuđuju iz svoje perspektive govoreći, "Ti kažeš da ideš u crkvu, a ipak piješ i pušiti? Kako možeš ići uokolo i nazivati se sljedbenikom Krista?!" Pa ako, kao vjernik, ti primiš Duh Sveti ali ne živiš pravednim životom, prema tome primajući sud, to Sveto Pismo naziva "sud prema pravednosti".

U tom slučaju Bog će prekoriti i disciplinirati Svoje dijete kroz Duh Sveti, tako da on neće nastaviti živjeti životom grijeha. Pa, razlog zašto Bog dopušta određena iskušenja i poteškoće koje dolaze u obitelji nekih ljudi, na radna mjesta, u tvrtku ili na njih same je da bi ih pogurao da žive kao pravedni muškarci i žene. Nadalje, jer neprijatelj vrag i Sotona podižu optužbe protiv njih, Bog mora dopustiti sudove prema duhovnom zakonu.

Pismoznanci i farizeji su bili uvjereni da oni žive u pravednosti zbog toga što su mislili da znaju Zakon jako dobro i strogo su ga se držali. Ali Isus nam govori da osim ako naša pravednost ne pređe onu od pismoznanaca i farizeja, mi nećemo moći ući kraljevstvo nebesko (Po Mateju 5:20). Samo zazivati, "Gospode, Gospode", ne znači nužno da mi imamo spasenje. Da bismo uzeli naše imanje na Nebo mi moramo vjerovati u Gospoda iz centra naših srca, odbaciti naše grijehe i biti u okviru uma pravednosti.

"Živjeti u pravednosti" ne znači samo slušati Riječ Boga i držati ju u našim glavama kao obično znanje. To znači postati pravedna osoba vjerujući u našim srcima i djelovati prema Njegovoj Riječi. Samo zamisli kako bi bilo ako bi Nebo bilo puno varalica, kradljivaca, lažljivaca, preljubnika, ljubomornih ljudi, itd. Bog ne kultivira čovječanstvo da bi doveo pljevu na Nebo! Božja svrha u tome je da dovede pšenicu- pravedne, na Nebo.

O sudu

Po Ivanu 16:11 kaže, "...a osuda - što je knez ovoga svijeta osuđen." Ovdje, "vladar ovog svijeta" označava neprijatelja vraga i Sotonu. Isus je došao u ovaj svijet zbog grijeha čovječanstva. On je završio rad pravednosti i ostavio konačni sud. Ali mi također možemo reći da je konačni sud već učinjen jer samo kroz vjeru u

Isusa Krista čovjek može primiti oprost od grijeha i spasenje.

Oni koji ne vjeruju će u konačnici ići u Pakao, pa to je kao da su već primili svoj sud. Zato po Ivanu 3:18-19 kaže, "Tko vjeruje u njega, ne osuđuje se; a tko ne vjeruje, već je osuđen što nije vjerovao u ime jedinorođenoga Sina Božjega. A ovo je taj sud: Svjetlost je došla na svijet, ali ljudi su više ljubili tamu nego svjetlost jer djela im bijahu zla."

Onda što možemo učiniti da izbjegnemo primanje suda? Bog nam govori da budemo trijezni, djelujemo sa pravednosti i prestanemo griješiti (1. poslanica Korinćanima 15:34). On nam je također rekao da se klonimo svakog oblika zla (1. poslanica Solunjanima 5:22). Da bismo djelovali pravedno u Božjim očima, mi bismo prvo zasigurno trebali odstraniti vanjske grijehe, ali mi također moramo odbaciti čak i zadnje zlo.

Ako mrzimo zlo i mi se opredijelimo ostati u dobroti, mi možemo odbaciti grijehe. Ti možeš pitati, "Tako je teško odbaciti čak i jedan grijeh; kako ja mogu odbaciti sve grijehe?" Misli o tome na ovaj način. Ako pokušaš iščupati svo korijenje stabla jedno po jedno, jako je teško. Ali ako iščupaš glavni korijen, svo drugo manje pod korijenje će automatski postati iskorijenjeno. Isto tako, ako se fokusiraš na odstranjivanju najtežeg grijeha prvo, kroz post i vatrene molitve gdje god možeš, ti možeš odbaciti i druge grešne prirode, zajedno sa tim jednim grijehom.

Unutar srca osoba postoji požuda tijela, požuda očiju i hvalisav ponos života. To je među mnogim oblicima zla koji dolaze od neprijatelja vraga. Prema tome čovjek ne može odbaciti te grijehe samo sa svojom snagom. Zbog toga Duh Sveti pomaže onima koji se trude da bi postali posvećeni i mole se. Jer je Bog zadovoljan sa njihovim trudom, On će im dati milost i snagu. Kada te četiri stvari- milost i snaga od Boga odozgor, naš trud i pomoć Duha Svetog- rade skupa, onda mi zasigurno možemo odbaciti naše grijehe.

Da bi se taj proces dogodio, mi prvo moramo odrezati našu požudu očiju. Ako je nešto neistina, najkorisnije nam je ne vidjeti, ne čuti, te čak niti prilaziti tome. Pretpostavimo da je tinejdžer vidio nešto opsceno na videu ili televiziji. Onda kroz požudu očiju, srce je potaknuto i tjelesne želje unutar srca postaju simulirane. Onda to uzrokuje da tinejdžer smišlja zle planove i kada ti planovi pređu u djela, sve vrste problema se mogu dogoditi. Zbog toga je jako važno da mi odrežemo požudu očiju.

Po Mateju 5:48 piše, "Budite dakle savršeni, kao što je savršen Otac vaš nebeski." I u 1. Petrovoj poslanici 1:16 Bog kaže, "Budite sveti jer sam ja svet" Neki ljudi mogu pitati, "Kako osoba može postati savršena i sveta kao Bog?" Bog želi da mi budemo sveti i savršeni. I da, mi to ne možemo ostvariti samo sa našom snagom. Ali zbog toga je Isus uzeo križ i zbog toga nam Duh Sveti, Pomagač, pomaže. Samo zbog toga što netko tvrdi da je prihvatio Isusa Krista i naziva Ga govoreći "Gospode, Gospode", to ne znači da će on ići na Nebo. On mora odbaciti sve svoje grijehe i živjeti u pravednosti da bi izbjegao sud i ušao u Nebo.

Duh Sveti osuđuje svijet

Zašto je onda Duh Sveti došao osuditi svijet prema grijehu, pravednosti i sudu? To je zbog toga što je svijet pun zla. Baš kao kad planiramo za nešto, mi znamo gdje je početak, a gdje kraj. Ako pogledamo na brojne znakove u današnjem svijetu, mi možemo vidjeti da je kraj blizu.

Bog Stvoritelj nadgleda povijest čovječanstva sa jasnim planom koji se tiče početka i kraja. Ako pogledamo na tok unutar Biblije, postoji jasno razabiranje između dobra i zla, te postoji jasno objašnjenje da grijeh vodi do smrti i da pravednost vodi do vječnog života. One koji vjeruju u Bog, Bog blagoslivlja i sa njima je. Ali oni koji ne vjeruju u Njega u konačnici primaju sud i idu putem smrti. Božji sud prije puno vremena nije miran (2. Petrova poslanica 2:3).

Kao Velika Poplava tijekom Noina vremena i uništenje Sotome i Gomore tijekom Abrahamovog vremena, kada je opakost čovjeka došla do limita, Božji sud se spustio. Da bi oslobodio Izraelce iz Egipta, Bog je poslao deset pošasti na Egipat. To je bio sud na faraona zbog njegove arogancije.

I prije oko dvije tisuće godina, kada su Pompeji postali tako korumpirani sa ekstremnom perverzijom i dekadencijom, Bog ga je uništio sa prirodnom katastrofom vulkanske erupcije. Ako danas posjetiš Pompeje, grad koji je bio pokriven sa vulkanskim pepelom je očuvan točno onako kako je izgledao kada je uništen i sa jednim pogledom, moguće je vidjeti korupciju tog vremena.

Također u Novom Zavjetu, Isus je jednom prekorio

licemjerne pismoznance i farizeje ponavljajući "Jao vama" sedam puta. Da bi spriječio svijet od padanja u sud i Pakao, svijet mora biti osuđen i prekoren.

Po Mateju poglavlje 24, učenici pitaju Gospoda o znakovima Njegovog dolaska na kraju doba. Isus im objašnjava u detalje govoreći o nikad prije viđenom velikom iskušenju koje će doći. Bog neće otvoriti vrata neba i izliti vodu ili vatru kao što je to On činio u prošlosti, nego će On donijeti sud koji je dosljedan sa vremenima.

Knjiga Otkrivenja proriče da će se suvremena oružja pojaviti i da će biti veliko uništenje sa nezamislivo velikim ratom. Sad kada se Božji plan za ljudsku kultivaciju završi, Veliki Sud će doći. I kada taj dan dođe, postojat će sud o tome hoće li svaka osoba živjeti vječno u Paklu ili vječno na Nebu. Pa kako bismo trebali živjeti upravo sada?

Odbaci grijeh i živi životom pravednosti

Da bismo izbjegli sud, mi moramo odbaciti naše grijehe i živjeti u pravednosti. I ono što je još važnije je da svaka osoba mora preorati svoje srce sa Riječi Boga baš kao što ratar ore polje. Mi moramo orati tlo pored puta, kamenito tlo i trnovito tlo da bismo ga pretvoriti u dobro, plodno tlo.

Ali ponekad se mi čudimo, "Zašto Bog ostavlja nevjernike na miru, a ipak On dopušta takve poteškoće da dođu na mene, vjernika?" To je zbog toga što, baš kao što buket cvijeća bez korijenja izgleda lijepo izvana, ali zapravo nema života, nevjernici su već osuđeni i idu u Pakao, pa ih ni ne treba disciplinirati.

Razlog zašto nas Bog disciplinira je zbog toga što smo mi Njegova prava djeca, a ne nezakonita djeca. Prema tome, mi bismo trebali radije biti zahvalni za Njegovo discipliniranje (Poslanica Hebrejima 12:7-13). Kao što roditelji discipliniraju svoju djecu jer ih vole i žele ih voditi do ispravnog puta, čak i ako to znači primjenjivati šibu, jer smo mi Božja djeca, kada je potrebno, Bog će dopustiti da određene poteškoće dođu na nas da bi nas vodio do spasenje.

Propovjednik 12:13-14 kaže, "Čujmo svemu završnu riječ: Boj se Boga, izvršuj njegove zapovijedi, jer - to je sav čovjek. Jer sva će skrivena djela, bila dobra ili zla, Bog izvesti na sud." Živjeti pravedno znači izvršavati cijelu dužnost čovjeka u našim životima. Pošto nam Božja Riječ kaže da se molimo, mi bismo se trebali moliti. Jer nam On kaže da držimo Gospodov dan svetim, mi bismo ga trebali držati svetim. I kada nam On kaže da ne sudimo, mi ne bismo trebali suditi. Čineći to, kada mi držimo Njegovu Riječ i djelujemo prema njoj, mi primamo život i mi idemo prema putu vječnog života.

Prema tome, ja se nadam da ćete vi upisati sve te poruke u svoja srca da bi postali pšenica koja nosi duhovnu ljubav koja je opisana u 1. poslanici Korinćanima poglavlje 13, devet plodova Duha Svetog (Poslanica Galaćanima 5:22-23) i blagoslove Blaženstva (Po Mateju 5:3-12). Ja se molim u ime Gospoda da čineći to ti nećeš samo primiti spasenje nego ćeš također postati Božje dijete koje sjaji kao sunce u kraljevstvu neba.

Autor

Dr. Jaerock Lee

Dr. Jaerock Lee je rođen u Muan, Jeonnam provinciji Republici Koreji u 1943. Dr. Jaerock Lee rođen je 1943. godine u Muanu u provinciji Jeonnam u Republici Koreji. U svojim dvadesetim godinama sedam je godina patio od niza neizlječivih bolesti te je čekao smrt bez ikakve nade u oporavak. Međutim, jednoga dana u proljeće 1974. godine njegova ga je sestra dovela u crkvu i kada je kleknuo da moli, živi Bog ga je trenutno iscijelio od svih bolesti.

Od tog trenutka, kada se susreo s živim Bogom kroz to predivno iskustvo, Dr. Lee je volio Boga svim svojim srcem te je 1978. godine pozvan da bude Božji sluga. Žarko je molio te proveo mnogo vremena u postu kako bi mogao jasno razumjeti Božju volju, u potpunosti je provesti i biti poslušan Riječi Božjoj. Godine 1982. Osnovao je Manmin Central Church u Seulu u kojoj su se od tada dogodila nebrojena čudesna ozdravljenja te druga čuda i znakovi.

Godine 1986. Dr. Lee je zaređen za pastora Annual Assembly of Jesus Church u Koreji, a četiri godine kasnije, njegove su propovijedi emitirane u Australiji, Rusiji i na Filipinima. Ubrzo je još mnogo zemalja dosegnuto putem Dalekoistočnu radiotelevizijsku kompaniju Azijsku radiotelevizijsku stanicu i Kršćanski radio sustav u Washingtonu.

Godine 1993., tri godine nakon prve prvog emitiranja, Manmin Central Church izabrana je među „50 najuspješnijih crkava na svijetu" prema odabiru časopisa Christian World Magazin (Kršćanski svijet) te je pastoru Leeju Christian Faith College s Floride u SAD-u dodijelio titulu počasnog doktora teologije. Godine 1996. na Kingsway Theological Seminary u Iowi u SAD-u Dr. Lee je primio doktorsku titulu iz područja kršćanskog služenja.

Od 1993. Dr. Lee je vodio evangelizacije u mnogim udaljenim mjestima kao što su: Tanzanija, Argentina, Los Angeles, Baltimore, Hawai, New York, Uganda, Japan, Pakistan, Kenija, Filipini, Honduras, Indija, Rusija, Njemačka, Peru, Demokratska Republika Kongo, Izrael i Estonija.

Poznate i visokotiražne novine u Koreji su ga 2002. prepoznale kao „svjetski priznatog propovjednika probuđenja" zbog njegove silne službe u mnogim zemljama. Posebno je istaknuta njegova evangelizacijska kampanja „New York Crusade 2006" održana u Madison Square Gardenu, jednoj od najpoznatijih svjetskih dvorana. Taj se događaj prenosio uživo u 220 zemalja. A u evangelizacijskoj kampanji „Israel United Crusade 2009" održanoj u Međunarodnom konferencijskom centru u Jeruzalemu hrabro je propovijedao Isusa kao Mesiju i Spasitelja.

Njegove se propovijedi emitiraju u 176 zemalja putem satelita, uključujući GCN TV te je 2009. i 2010. uvršten među deset najuspješnijih kršćanskih vođa prema izboru popularnog ruskog kršćanskog časopisa In Victory (U pobjedi) i novinske agencije Christian Telegraph zahvaljujući moćnom služenju kroz emitiranje propovijedi i pastoralnom služenju u dalekim zemljama.

Od svibnja 2016. Manmin Central Church broji više od 120 000 članova. Postoje 10 000 crkava kćeri diljem svijeta, uključujući 26 u Koreji. Više od 102 misionara poslano je u 23 zemlje uključujući Sjedinjenje Američke Države, Rusiju, Kanadu, Japan, Kinu, Francusku, Indiju, Keniju i mnoge druge.

Što se tiče njegove izdavačke djelatnosti, Dr. Lee je izdao 105 knjiga uključujući bestsellere: Tasting eternal Life Before Death (Okusiti vječni život prije smrti), My Life My Faith I&II (Moj život, moja vjera I&II), The Message of the Cross (Poruka križa), Heaven I&II (Nebo I&II), Hell (Pakao), Awaken, Israel! (Probudi se, Izraele!) i Power of God (Božja sila). Njegova su djela prevedena na 76 jezika.

Njegove kršćanske kolumne pojavljuju se u novinama i časopisima: The Hankook Ilbo, The Joongang Daily, The Chosun Ilbo, The Dong- A Ilbo, The Munhwa Ilbo, The Seul Shinmun, The Kyungyang Shinmun, The Korean Economic Daily, The Koerea Herald, The Shisa News The Christian Press.

Dr. Lee je trenutno vođa mnogih misijskih organizacija i udruga. Njegove funkcije uključuju: predsjednik The United Holiness Church of Jesus Christ (Ujedninjene crkve svetosti Isusa Krista); predsjednik Manmin Word Mission (Organizacije za svjetsku misiju Manmin); doživotni predsjednik The World Christianity Revival Mission Association (Svjetsko misijsko udruženje za probuđenje unutar kršćanstva), osnivač i član odbora Global Christian Network – GCN (Globalne kršćanske mreže), osnivač i član odbora World Christian Doctors Network – WCDN (Svjetske mreže kršćanski liječnika) te osnivač i član odbora Manmin International Seminary – MIS, (Međunarodnog teološkog fakulteta Manmin).

Ostale moćne knjige istog autora

Raj I & II

Podrobna skica božanske životne okoline u kojoj uživaju stanovnici raja i prekrasan opis različitih razina nebeskog kraljevstva.

Poruka Križa

Moćna poruka razbuđivanja za sve ljude koji su u duhovnom snu! U ovoj ćete knjizi pronaći razlog zašto je Isus naš jedini Spasitelj i iskrenu Božju ljubav.

Pakao

Ozbiljna poruka cijelom čovječanstvu od Boga, koji ne želi da čak i jedna duša padne u dubine pakla! Otkrit ćete nikada prije objavljeni opis surove stvarnosti Hada i pakla.

Duh, Duša, i Tijelo I & II

Kroz duhovno razumijevanje duha, duše, i tijela, koje su komponente ljudi, čitatelji se mogu zagledati u sebe i dobiti uvid u sam život.

Mjera Vjere

Koja je vrsta boravišta, krune i nagrada pripravljena za tebe u raju? Ova ti knjiga donosi mudrost i vodstvo kako bi izmjerio svoju vjeru i kultivirao najbolju i najzreliju vjeru.

Izraele, Probudi se

Zašto je Bog uperio pogled u Izrael od početka svijeta do današnjega dana? Koja je vrsta Njegove providnosti pripravljena za Izrael posljednjih dana, koji iščekuje Mesiju?

Moj Život, Moja Vjera I & II

Najmirisnija duhovna aroma izvučena kao ekstrakt iz života koji je procvjetao neusporedivom ljubavlju za Boga usred tamnih valova, hladnoga jarma i najdubljeg očaja.

Božja Moć

Obvezno štivo koje služi kao neophodni vodič putem kojega se može zadobiti iskrena vjera i doživjeti čudesna Božja moć.

www.ingramcontent.com/pod-product-compliance
Lightning Source LLC
LaVergne TN
LVHW021940220826
846092LV00010B/1185

* 9 7 9 1 1 2 6 3 1 1 7 9 8 *